# 2021 中国风电行业发展报告

China Wind Power Generation Industry Development Report 2021

水电水利规划设计总院 　主编

图书在版编目（CIP）数据

2021中国风电行业发展报告/水电水利规划设计总院主编. -- 北京：中国经济出版社，2022.8
ISBN 978-7-5136-7017-3

Ⅰ.①2… Ⅱ.①水… Ⅲ.①风力发电－产业发展－研究报告－中国－2021 Ⅳ.①F426.61

中国版本图书馆CIP数据核字（2022）第129131号

审图号：GS京（2022）0608号

| | | |
|---|---|---|
| 策划编辑 | 姜 静 | |
| 责任编辑 | 郑 潇 | |
| 责任印制 | 马小宾 | |

| | | |
|---|---|---|
| 出版发行 | 中国经济出版社 | |
| 印 刷 者 | 北京富泰印刷有限责任公司 | |
| 经 销 者 | 各地新华书店 | |
| 开 本 | 889mm×1194mm 1/16 | |
| 印 张 | 4.25 | |
| 字 数 | 100千字 | |
| 版 次 | 2022年8月第1版 | |
| 印 次 | 2022年8月第1次 | |
| 定 价 | 198.00元 | |

广告经营许可证 京西工商广字第8179号

中国经济出版社 网址 www.economyph.com 社址 北京市东城区安定门外大街58号 邮编 100011
本版图书如存在印装质量问题，请与本社销售中心联系调换（联系电话：010-57512564）

版权所有 盗版必究（举报电话：010-57512600）
国家版权局反盗版举报中心（举报电话：12390） 服务热线：010-57512564

# 编委会
## Editorial Board

**编审委员会**　　彭　程　水电水利规划设计总院

　　　　　　　　李　昇　水电水利规划设计总院

　　　　　　　　侯学众　国家电力投资集团有限公司

**主　　　编**　　赵增海　易跃春

**副　主　编**　　郭雁珩　谢宏文　张　昊　宋述军

**校　　　审**　　艾　琳　刘建东

**编　写　人　员**　冯泽深　邱　辰　司俊龙　王　健

　　　　　　　　田健东　刘　宵　胡伟卿　魏景东

　　　　　　　　全　启　王　源　王　烨　刘静兰

　　　　　　　　马琳琳　张汉强

# 前言
Foreword

加快发展可再生能源，实施化石能源清洁替代，是推进能源革命和构建清洁低碳、安全高效现代能源体系的重大举措。习近平总书记明确提出二氧化碳排放力争于 2030 年前达到峰值，努力争取 2060 年前实现碳中和，到 2030 年非化石能源占一次能源消费的比重达到 25% 左右，风电、太阳能发电总装机容量达到 12 亿千瓦以上等目标，为我国能源革命和绿色低碳转型设立了新的航标，为风电发展明确了新的任务。

"十四五"是加快推动碳达峰工作成势见效的关键期。2021 年作为"十四五"开局之年，国家在锚定"碳达峰、碳中和"目标任务基础上，加强顶层设计，完善支持产业发展的体制机制，优化产业发展环境，切实增强市场主体信心，努力推动风电实现大规模、高比例、高质量跃升发展。

2021 年，我国风电行业发展迈上了新的台阶，实现了"十四五"的良好开局。风电累计并网装机容量突破 3 亿千瓦大关，较"十三五"初期实现翻番；海上风电发展成绩斐然，并网装机容量跃居世界第一；建设布局持续优化，利用水平不断提升；产业发展持续向好，产业优势不断增强；国际合作不断深化，助力推动全球能源结构转型和绿色发展。

为便于行业全面了解、深度把握风电行业发展现状和发展方向，在国家能源局指导下，水电总院联合国家电投等单位编写了《2021中国风电行业发展报告》(以下简称《报告》)，立足于当前风电发展的新形势，对我国风电发展情况进行梳理分析和综合归纳，努力做到凝聚焦点、突出重点。

《报告》是我国风电行业发展的综合性研究报告，汇聚了我国规划设计、政策研究、产业发展、投资开发等领域权威机构的最新研究成果。《报告》内容尚有不完善之处，恳请读者批评指正。

《2021中国风电行业发展报告》编写组

2022年7月

# 目录
Content

| 1 概述 | 1 |
|---|---|
| 1.1 政策环境 | 2 |
| 1.2 建设运行 | 3 |
| 1.3 产业技术 | 4 |
| 1.4 投资成本 | 5 |

| 2 政策法规篇 | 7 |
|---|---|
| 2.1 建设管理 | 8 |
| 2.2 消纳保障 | 9 |
| 2.3 电价政策 | 12 |
| 2.4 补贴机制 | 15 |
| 2.5 行业监测 | 16 |
| 2.6 金融支持 | 17 |
| 2.7 电力市场交易 | 18 |

## 3　开发应用篇 21

| | | |
|---|---|---|
| 3.1 | 风能资源 | 22 |
| 3.2 | 前期管理 | 24 |
| 3.3 | 建设运行 | 27 |
| 3.4 | 区域发展 | 35 |
| 3.5 | 电力市场交易 | 48 |
| 3.6 | 投资成本 | 49 |

## 4　产业发展篇 51

| | | |
|---|---|---|
| 4.1 | 技术装备发展情况 | 52 |
| 4.2 | 设备制造情况 | 53 |
| 4.3 | 风电机组出口情况 | 53 |

## 5　形势与展望篇 55

| | | |
|---|---|---|
| 5.1 | 面临形势 | 56 |
| 5.2 | 发展趋势与市场展望 | 57 |

[ **1 概述**
Overview ]

2021年是我国风电进入"无补贴"发展的第一年，尽管受到政策环境变化、新冠肺炎疫情以及复杂国际局势影响，我国风电发展仍然凭借自身的产业优势，取得了亮眼的成绩。行业管理和政策体系逐步完善，装机规模再上新台阶，建设布局持续优化，风能利用水平不断提升，市场化交易有序启动，产业发展持续向好，政府间国际合作不断深化，为推动全球能源绿色低碳转型作出了重大贡献，形成了更加稳健的高质量发展之路。

## 1.1 政策环境

### 1 行业管理方式调整优化

2021年，国家进一步完善新能源行业发展机制，按照目标导向和责任共担原则，根据"十四五"规划目标，测算下达各省（区、市）年度可再生能源电力消纳责任权重，引导各地结合消纳责任权重和新能源合理利用率目标，确定本省（区、市）年度新增风光电项目并网规模和新增核准（备案）规模，统筹衔接好项目开发建设和储备。

### 2 建立并网多元保障机制

2021年，建立保障性并网、市场化并网等并网多元保障机制。各省（区、市）完成年度非水电最低消纳责任权重所必需的新增并网项目，由电网企业实行保障性并网；保障性并网范围以外仍有意愿并网的项目，可通过自建、合建共享或购买服务等市场化方式落实并网条件，由电网企业予以并网。

### 3 新核准项目中央不再补贴

2021年，对新核准陆上风电项目，中央财政不再补贴，实行平价上网，执行当地燃煤发电基准价；新核准海上风电项目，上网电价由当地省级价格主管部门制定，鼓励通过竞争性配置的方式形成项目的上网电价。

### ④ 绿电市场化交易试点启动

2021年，绿色电力交易试点启动，首次交易涉及16个省（区），共达成交易电量79亿千瓦时（交易期限为1～5年）。

## 1.2 建设运行

### ① 装机容量稳步增长

2021年，全国风电新增并网装机容量4757万千瓦，仅次于2020年历史最高新增并网装机规模，实现了"十四五"的良好开局。截至2021年底，全国累计风电装机容量突破3亿千瓦，连续12年稳居全球第一。

### ② 海上风电开发大幅提速

2021年，全国新增海上风电并网装机容量1690万千瓦，同比增长452%，为历史最高值，占全球海上风电新增装机容量的80%，推动中国超越英国成为全球海上风电累计装机容量最多的国家。

### ③ 风能利用水平持续提高

2021年，全国风电发电量突破6000亿千瓦时，同比增长40.5%，占全部电源年发电量总和的7.8%，同比提高1.7个百分点；年平均利用小时数2246小时，比上年增加149小时；年平均利用率96.9%，同比提升0.4个百分点。

## 1.3 产业技术

### 1 装备制造技术快速发展

我国风电产业在技术方面领跑全球，不仅具备大兆瓦级风电整机、关键核心大部件的自主研发制造能力，而且建立了具有国际竞争力的风电产业链体系，制造企业整体实力与竞争力大幅提升。一方面，风电机组技术加快迭代，7兆瓦陆上风电机组已在风电场应用，10兆瓦海上风电机组已批量运行；超长叶片、超高塔筒的设计和应用处于国际领先水平；另一方面，智慧运维技术不断提高，传统风电技术与数字化技术相结合，构建风电场全生命周期智慧运维系统、风电数字孪生平台等，使风电场运营管理更加智能高效。

### 2 海上风电施工运维能力逐步增强

随着风电开发企业持续投入和大型造船企业布局海上风电设备行业，我国海上风电施工安装、运维装备等薄弱环节技术能力不断增强，成为驱动沿海省份海上风电发展的"蓝色引擎"。

### 3 对外贸易持续扩大

2021年，在全球能源绿色低碳转型大形势下，海外风电应用市场需求不断增长，我国风电机组"走出去"的局面进一步扩大。风电机组出口量同比大幅上涨，连续两年新增出口国家。个别风机整机制造商已开始落实在海外投资建设风电机组及零部件生产基地相关计划，助力提升我国风机产品在海外的竞争力。

## 1.4 投资成本

### 1 陆上风电单位千瓦造价平稳下降

得益于规模化开发、技术进步，以及风电机组价格的持续走低，2021年我国陆上风电单位千瓦造价整体平稳下降，集中式平原、山区地形风电项目单位千瓦造价分别约为5800元和7200元，同比下降约10%和8%。

### 2 海上风电单位千瓦造价大幅上涨

2021年是海上风电国家补贴的最后一年，大量项目集中于2021年底前并网，推高了整个产业链的价格，导致单位千瓦造价同比大幅上涨约为每千瓦18500～23500元。但同时，对于产业链各环节的企业来说，2021年的集中并网也让企业紧紧抓住了发展机遇，加大了投资力度。

# 2 政策法规篇
## Policies and Regulations

## 2.1 建设管理

### 1 强化目标导向，明确开发建设机制

2021年，国家发展改革委、国家能源局等9部门联合印发《"十四五"可再生能源发展规划》，锚定碳达峰、碳中和目标，紧紧围绕2025年非化石能源消费比重达到20%左右的要求，设置了四个方面的主要目标。一是总量目标，2025年可再生能源消费总量达到10亿吨标准煤左右，"十四五"期间可再生能源消费增量在一次能源消费增量中的占比超过50%。二是发电目标，2025年可再生能源年发电量达到3.3万亿千瓦时左右，"十四五"期间发电量增量在全社会用电量增量中的占比超过50%，风电和太阳能发电量实现翻倍。三是消纳目标，2025年全国可再生能源电力总量和非水电消纳责任权重分别达到33%和18%左右，利用率保持在合理水平。四是非电利用目标，2025年太阳能热利用、地热能供暖、生物质供热、生物质燃料等非电利用规模达到6000万吨标准煤以上。

同年，国家能源局发布了《关于2021年风电、光伏发电开发建设有关事项的通知》（国能发新能〔2021〕25号），提出2021年全国风电、光伏发电发电量占全社会用电量的比重达到11%左右，2021年风电、光伏发电保障性并网规模不低于9000万千瓦等发展目标，并从三个方面建立了促进2021年风电、光伏发电项目开发建设的长效机制。一是建立消纳责任权重引导机制，即国家不再下达各省（区、市）的年度建设规模和指标，而是通过下达各省（区、市）年度可再生能源电力消纳责任权重，引导各地安排风电项目建设；二是将风电项目分为保障性并网项目和市场化并网项目，建立并网多元保障机制；三是建立保障性并网竞争性配置机制，即由各省级能源主管部门通过竞争性配置确定纳入保障性并网规模的项目名单。

"保障性并网项目"指各省（区、市）完成年度非水电最低消纳责任权重所必需的新增并网项目，该部分项目消纳空间由电网企业组织保障，保障性并网规模可省际置换。"市场化并网项目"指超出保障性并网范围以外仍有意愿并网的项目，可通过自建、合建共享或购买服务等市场化方式落实并网条件，由电网予以并网，促进电力系统整体灵活性的提升。并网条件主要包括配套新增的抽水蓄能、储热型光热发电、火电调峰、新型储能、可调节负荷等灵活调节能力。

## 2 持续推进平价上网项目建设

根据《关于公布2020年风电、光伏发电平价上网项目的通知》(发改办能源〔2020〕588号)要求，2019年第一批和2020年风电、光伏发电平价上网项目须于2020年底前核准（备案）并开工建设，除并网消纳受限原因以外，风电项目须于2022年底前并网。此外，《关于2021年风电、光伏发电开发建设有关事项的通知》（国能发新能〔2021〕25号）明确，2019年和2020年平价风电项目无须参加竞争性配置，可被直接纳入各省（区、市）保障性并网项目范围。

## 3 规划建设国家大型风光基地

规划建设以沙漠、戈壁、荒漠地区为重点的大型风电光伏基地，是贯彻落实党中央、国务院决策部署，支撑如期实现碳达峰碳中和目标任务、推动能源清洁低碳转型、提高能源安全保障能力的重大举措。《"十四五"可再生能源发展规划》明确提出以沙漠、戈壁、荒漠地区为重点，加快建设黄河上游、河西走廊、黄河"几"字弯、冀北、松辽、新疆、黄河下游等七大陆上新能源基地；依托西南水电基地调节能力和外送通道，统筹推进川滇黔桂、藏东南二大水风光综合基地开发建设；优化近海海上风电布局，开展深远海海上风电规划，推动近海规模化开发和深远海示范化开发，重点建设山东半岛、长三角、闽南、粤东、北部湾五大海上风电基地集群。

## 2.2 消纳保障

### 1 深化落实可再生能源电力消纳保障机制

2021年5月，国家发展改革委、国家能源局印发《关于2021年可再生能源电力消纳责任权重及有关事项的通知》（发改能源〔2021〕704号），公布了各省（区、市）2021年可再生能源电力消纳责任权重和2022年预期目标，并明确从2021年起，每年初滚动发布各省权重，同时印发当年和次年消纳责任权重，当年权重为约束性指标，各省按此进行考核评估，次年权重为预期性指标，各省按此开展项目储备。

该通知同步公布2021年各省（区、市）消纳责任权重。从全国情况看，2021年，10个省（区、市）最低总量消纳责任权重超过30%，13个省（区、市）最低非水电消纳责任权重超过15%。与2020年设置的消纳责任权重相比，2021年各省（区、市）最低总量消纳责任权重平均值达到30.3%，同比提升2.3个百分点；各省（区、市）最低非水电消纳责任权重平均值达到13.4%，同比提升1.9个百分点。从总量消纳责任权重看，25个省（区、市）同比提升，黑龙江同比持平，四川、云南、福建、上海四省（市）同比略降。其中，四川和云南两省最高，均超过70%，山东最低，仅为13%。从非水电消纳责任权重看，25个省（区、市）同比提升，黑龙江、云南、四川和上海四省（市）同比持平，仅青海同比略降。其中，青海、宁夏和吉林三省（区）最高，均超过20%；上海和重庆两市最低，仅为4%。2021年各省（区、市）可再生能源电力消纳责任权重见表2-1。

表2-1 2021年各省（区、市）可再生能源电力消纳责任权重

| 省（区、市） | 总量消纳责任权重 | | 非水电消纳责任权重 | |
|---|---|---|---|---|
| | 最低值 | 激励值 | 最低值 | 激励值 |
| 北京 | 18.00% | 19.80% | 17.50% | 19.30% |
| 天津 | 17.00% | 18.70% | 16.00% | 17.60% |
| 河北 | 16.50% | 18.20% | 16.00% | 17.60% |
| 山西 | 20.00% | 22.00% | 19.00% | 20.90% |
| 山东 | 13.00% | 14.30% | 12.50% | 13.80% |
| 内蒙古 | 20.50% | 22.60% | 19.50% | 21.50% |
| 辽宁 | 15.50% | 17.10% | 13.50% | 14.90% |
| 吉林 | 28.00% | 30.90% | 21.00% | 23.10% |
| 黑龙江 | 22.00% | 24.20% | 20.00% | 22.00% |
| 上海 | 31.50% | 35.00% | 4.00% | 4.40% |
| 江苏 | 16.50% | 18.20% | 10.50% | 11.60% |
| 浙江 | 18.50% | 20.50% | 8.50% | 9.40% |
| 安徽 | 16.00% | 17.60% | 14.00% | 15.40% |
| 福建 | 19.00% | 21.00% | 7.50% | 8.30% |
| 江西 | 26.50% | 29.30% | 12.00% | 13.20% |
| 河南 | 21.50% | 23.70% | 18.00% | 19.80% |
| 湖北 | 37.00% | 41.00% | 10.00% | 11.00% |
| 湖南 | 45.00% | 49.90% | 13.50% | 14.90% |
| 重庆 | 43.50% | 48.30% | 4.00% | 4.40% |
| 四川 | 74.00% | 82.00% | 6.00% | 6.60% |
| 陕西 | 25.00% | 27.60% | 15.00% | 16.50% |

续表

| 省（区、市） | 总量消纳责任权重 | | 非水电消纳责任权重 | |
|---|---|---|---|---|
| | 最低值 | 激励值 | 最低值 | 激励值 |
| 甘肃 | 49.50% | 54.80% | 18.00% | 19.80% |
| 青海 | 69.50% | 77.00% | 24.50% | 27.00% |
| 宁夏 | 24.00% | 26.40% | 22.00% | 24.20% |
| 新疆 | 22.00% | 24.30% | 12.50% | 13.80% |
| 广东 | 29.00% | 32.20% | 5.00% | 5.50% |
| 广西 | 43.00% | 47.70% | 10.00% | 11.00% |
| 海南 | 16.00% | 17.70% | 8.00% | 8.80% |
| 贵州 | 35.50% | 39.40% | 8.50% | 9.40% |
| 云南 | 75.00% | 83.00% | 15.00% | 16.50% |
| 平均值 | 30.3% | 33.5% | 13.4% | 14.7% |

注：1. 西藏不考核。

2. 福建省最低总量消纳责任权重中的 0.5 个百分点为 2020 年由于来水偏枯客观原因未完成，累计到 2021 年完成。

## 2  鼓励新能源主动配置调峰资源

2021 年 7 月，为推动新型储能快速发展，国家发展改革委、国家能源局印发《关于加快推动新型储能发展的指导意见》（发改能源规〔2021〕1051 号），统筹开展储能专项规划，大力推进电源侧储能项目建设，完善"新能源 + 储能"相关机制。

7 月底，为促进风电、太阳能发电等可再生能源大力发展和充分消纳，国家发展改革委、国家能源局印发《关于鼓励可再生能源发电企业自建或购买调峰能力增加并网规模的通知》（发改运行〔2021〕1138 号，以下简称《通知》），鼓励发电企业通过自建、合建或购买储能或调峰能力的方式增加并网规模，并对企业自建、合建、购买调峰和储能能力的确认和管理进行了规定。《通知》明确，为鼓励发电企业市场化参与调峰资源建设，超过电网企业保障性并网以外的规模初期按照功率 15% 的挂钩比例（时长 4 小时以上，下同）配建调峰能力，按照 20% 以上挂钩比例进行配建的优先并网。配建比例 2022 年后根据情况适时调整，每年公布一次。各省级主管部门组织电网企业或第三方技术机构对项目调峰能力措施和效果进行评估确认后，可结合实际情况对挂钩比例进行适当调整。

### 3. 鼓励地方更多消费可再生能源

2021年9月11日，国家发展改革委印发《完善能源消费强度和总量双控制度方案》（发改环资〔2021〕1310号），提出对超额完成激励性可再生能源电力消纳责任权重的地区，超出最低可再生能源电力消纳责任权重的消纳量不纳入该地区年度和五年规划当期能源消费总量考核。同年12月举行的中央经济工作会再次强调，要正确认识和把握"碳达峰、碳中和"，要科学考核，新增可再生能源和原料用能不纳入能源消费总量控制。同月，国务院印发《关于印发"十四五"节能减排综合工作方案的通知》（国发〔2021〕33号），提出优化完善能耗"双控"制度，明确各地区"十四五"时期新增可再生能源电力消费量不纳入地方能源消费总量考核。"新增可再生能源不纳入能源消费总量控制"这一政策将引导高耗能企业通过消费新能源满足用电需求，促进新能源的消纳。

### 4. 加强并网统筹，积极推动新能源消纳

2021年10月，国家能源局综合司印发《关于积极推动新能源发电项目能并尽并、多发满发有关工作的通知》（以下简称《通知》），要求电网企业按照"能并尽并"原则，对具备并网条件的风电、光伏发电项目，切实采取有效措施，保障及时并网；按照"多发满发"原则，严格落实优先发电制度，加强科学调度，优化安排系统运行方式，实现新能源发电项目多发满发，进一步提高电力供应能力。《通知》的发布为第四季度风电项目如期并网提供了政策保障。

## 2.3 电价政策

### 1. 新核准陆上风电实行平价上网，鼓励地方支持海上风电发展

随着产业技术进步、效率提升，近年来新建陆上风电项目成本不断下降，已经具备平价上网条件，行业对平价上网也形成高度共识。在此背景下，国家发展改革委出台《关于2021年新能源上网电价政策有关事项的通知》（发改价格〔2021〕833号），明确2021年起对新核准陆上风电项目，中央财政不再补贴，实行平价上网。同时，为支持产业加快发展，明确2021年新建项目不再通过竞争

性方式形成具体上网电价，直接执行当地燃煤发电基准价（见表 2-2），这有利于调动各方面投资积极性，推动风电产业加快发展。

表 2-2　2021 年全国各地区燃煤发电基准价

| 序号 | 地区 | 资源区 | 燃煤发电基准价（元/千瓦时） |
|---|---|---|---|
| 1 | 北京 | Ⅳ类 | 0.3598 |
| 2 | 天津 | Ⅳ类 | 0.3655 |
| 3 | 河北张家口、承德 | Ⅱ类 | 0.372 |
| 4 | 河北唐山、秦皇岛、廊坊 | Ⅳ类 | 0.372 |
| 5 | 河北除张家口、承德、唐山、秦皇岛、廊坊以外其他地区 | Ⅳ类 | 0.3644 |
| 6 | 山西 | Ⅳ类 | 0.332 |
| 7 | 山东 | Ⅳ类 | 0.3949 |
| 8 | 蒙西 | Ⅰ类 | 0.2829 |
| 9 | 蒙东 | Ⅱ类 | 0.3035 |
| 10 | 辽宁 | Ⅳ类 | 0.3749 |
| 11 | 吉林白城、松原 | Ⅲ类 | 0.3731 |
| 12 | 吉林除白城、松原以外其他地区 | Ⅳ类 | 0.3731 |
| 13 | 黑龙江鸡西、双鸭山、七台河、绥化、伊春、大兴安岭 | Ⅲ类 | 0.374 |
| 14 | 黑龙江除Ⅲ类资源区以外其他地区 | Ⅳ类 | 0.374 |
| 15 | 上海 | Ⅳ类 | 0.4155 |
| 16 | 江苏 | Ⅳ类 | 0.391 |
| 17 | 浙江 | Ⅳ类 | 0.4153 |
| 18 | 安徽 | Ⅳ类 | 0.3844 |
| 19 | 福建 | Ⅳ类 | 0.3932 |
| 20 | 湖北 | Ⅳ类 | 0.4161 |
| 21 | 湖南 | Ⅳ类 | 0.45 |
| 22 | 河南 | Ⅳ类 | 0.3779 |
| 23 | 四川 | Ⅳ类 | 0.4012 |
| 24 | 重庆 | Ⅳ类 | 0.3964 |
| 25 | 江西 | Ⅳ类 | 0.4143 |
| 26 | 陕西 | Ⅳ类 | 0.3545 |
| 27 | 甘肃张掖、嘉峪关、酒泉 | Ⅱ类 | 0.3078 |
| 28 | 甘肃除张掖、嘉峪关、酒泉以外其他地区 | Ⅲ类 | 0.3078 |

续表

| 序号 | 地区 | 资源区 | 燃煤发电基准价（元／千瓦时） |
|---|---|---|---|
| 29 | 青海 | Ⅳ类 | 0.2277 |
| 30 | 宁夏 | Ⅲ类 | 0.2595 |
| 31 | 新疆乌鲁木齐、伊犁、昌吉、克拉玛依、石河子 | Ⅰ类 | 0.25 |
| 32 | 新疆除乌鲁木齐、伊犁、昌吉、克拉玛依、石河子以外其他地区 | Ⅲ类 | 0.25 |
| 33 | 广东 | Ⅳ类 | 0.453 |
| 34 | 广西 | Ⅳ类 | 0.4207 |
| 35 | 云南 | Ⅱ类 | 0.3358 |
| 36 | 贵州 | Ⅳ类 | 0.3515 |
| 37 | 海南 | Ⅳ类 | 0.4298 |

此外，新核准（备案）海上风电项目，上网电价由当地省级价格主管部门制定，具备条件的可通过竞争性配置方式形成。这样安排，有利于各地结合当地资源条件、发展规划、支持政策等，合理制定新建海上风电项目上网电价政策，既不增加国家补贴，又能推动相关行业的发展。同时，鼓励各地出台针对性的扶持政策，支持海上风电产业持续健康发展。

## 2　完善分时电价机制

2021年7月，国家发展改革委印发《关于进一步完善分时电价机制的通知》（发改价格〔2021〕1093号，以下简称《通知》），部署各地进一步完善分时电价机制，更好引导用户削峰填谷，改善电力供需状况，服务以新能源为主体的新型电力系统建设，促进能源绿色低碳发展。《通知》重点从"更精确"和"更有力"两个方面优化分时电价机制，其中"更精准"主要是对峰谷时段调整和健全季节性电价机制的要求，"更有力"主要是对拉大峰谷价差水平以及尖峰深谷电价的要求。

据不完全统计，截至2021年底，全国有15个省（区、市）按照《通知》要求发布了分时电价政策，主要扩大了峰谷时间段的价差，大部分省份低谷时段价格较平段下浮50%，尖峰时段价格较平段上浮80%，个别省份峰谷价差更大。合理拉大峰谷电价价差，有利于引导用户在电力系统低谷时多用电，从而有效促进风电消纳。

## 3 扩大燃煤电价浮动范围服务能源绿色低碳转型

为加快推进电价市场化改革，2021年10月，国家发展改革委印发《关于进一步深化燃煤发电上网电价市场化改革的通知》（发改价格〔2021〕1439号，以下简称《通知》），要求各地有序放开全部燃煤发电电量上网电价，扩大市场交易电价上下浮动范围，有序推动工商业用户全部进入电力市场，按照市场价格购电，取消工商业目录销售电价。燃煤发电市场交易价格浮动范围由现行的上浮不超过10%、下浮原则上不超过15%，扩大为上下浮动原则上均不超过20%。

据不完全统计，截至2021年底，全国有28个省（区、市）按照《通知》要求调整了目录电价体系，取消工商业用电（包括一般工商业和大工业用电）目录销售电价，并积极开展代理购电。根据已公布电网企业2021年12月代理购电工商业用户电价表，尖峰、高峰时段的用电价格浮动空间几乎全部上调。本次改革有利于更好地发挥市场在电力资源配置中的作用，促进电力行业高质量发展、保障电力安全稳定供应、支持新型电力系统建设，以及服务能源绿色低碳转型。

## 2.4 补贴机制

### 1 加强补贴清单审核管理

为加快推进补贴项目清单审核有关工作，2020年11月，财政部印发《关于加快推进可再生能源发电补贴项目清单审核有关工作的通知》（财办建〔2020〕70号），除要求抓紧审核存量项目、分批纳入补贴清单外，还明确了项目应执行其全容量并网时的上网电价。

2021年2月，为规范补贴清单审核管理，财政部办公厅印发《关于请加强可再生能源发电补贴清单审核管理工作的通知》（财办建〔2021〕11号），提出自财办建〔2020〕70号文发布之日(2020年11月18日)起，新并网项目需由地方能源监管部门或电网企业认定项目全容量并网时间后，方可审核纳入补贴清单。同时，财政部要求相关单位抓紧审核存量项目信息，分批纳入补贴清单。

## 有序推进补贴清单审核工作

依据财建〔2020〕5号文、财办建〔2020〕6号文，可再生能源电价附加补贴清单由电网企业组织申报和公示公布，由国家可再生能源信息管理中心进行复核，并正式启动可再生能源电价附加补贴清单的申报和审核工作。

### 2.5　行业监测

**建立按月调度机制。** 2021年7月29日，国家能源局综合司印发《关于开展可再生能源发电项目开发建设按月调度的通知》，建立可再生能源发电项目开发建设按月调度机制，对可再生能源发电项目从核准（审批、备案）、开工、建设、并网到投产进行全过程调度。各省（区、市）可再生能源项目开发建设单位依托可再生能源发电项目信息管理系统及时填报开发建设情况，国家可再生能源信息管理中心每月20日前根据上月全国可再生能源电力开发建设情况形成月度监测评估报告报国家能源局，并抄报各省级能源主管部门。

按月调度机制是国家能源局主动适应可再生能源发展新阶段，创新事中事后监管方式，统揽开发建设全局，畅通信息渠道，协调各方工作，解决发展中实际问题的有力举措，也是稳步推动构建适应新能源占比逐渐提高的新型电力系统的重要支撑。

自2021年8月正式启动至2021年底，国家能源局召开了两次由国家能源局各相关司、省级能源主管部门、可再生能源投资开发企业、电网企业和行业研究机构参加的月度调度会，及时掌握了开发建设中的问题并形成问题责任清单，有力推动了相关问题解决，保障了项目按计划开发建设。截至2021年底，国家可再生能源信息管理中心共编写了5期月度监测评估报告，为国家能源局全面掌握可再生能源发展情况以及各省能源主管部门横向比较本省发展情况提供了有力支撑。

## 2.6 金融支持

### 1. 引导金融机构加大金融支持力度

为缓解因可再生能源补贴拖欠、补贴资金滞后等导致的企业资金紧张等问题，促进风电和光伏发电等行业健康有序发展，2021 年 2 月，国家发展改革委、财政部、中国人民银行、银保监会、国家能源局联合印发《关于引导加大金融支持力度促进风电和光伏发电等行业健康有序发展的通知》（发改运行〔2021〕266 号），提出了五条措施用以纾困：一是鼓励金融机构按照商业化原则与可再生能源企业协商展期或续贷；二是鼓励金融机构在依法合规前提下向具备条件的可再生能源企业在规定的额度内发放补贴确权贷款；三是鼓励企业通过绿证交易的方式减轻企业负担，分担利息压力；四是做好可再生能源电价附加资金的应收尽收；五是优化资金管理，对自愿转为平价的项目优先发放补贴资金，同时鼓励对自愿转为平价的项目和企业继续加大信贷支持。

上述措施的实施和落地，将在一定程度上提升金融机构增加补贴确权贷款规模的积极性，加大对风电和光伏发电投资企业在贷款利率、贷款年限等方面的支持力度。

### 2. 基础设施领域不动产投资信托基金（REITs）支持风电行业发展

2021 年 1 月，国家发展改革委办公厅印发《关于建立全国基础设施领域不动产投资信托基金（REITs）试点项目库的通知》（发改办投资〔2021〕35 号），决定建立全国基础设施 REITs 试点项目库。6 月，在认真总结前期试点经验的基础上，国家发展改革委印发《关于进一步做好基础设施领域不动产投资信托基金（REITs）试点工作的通知》（发改投资〔2021〕958 号），提出试点行业包括能源基础设施，涉及风电、光伏发电、水力发电、天然气发电、生物质发电、核电等清洁能源项目。开展 REITs 试点，对推动形成市场主导的投资内生增长机制、提升资本市场服务实体经济的质效、构建投资领域新发展格局具有重要意义。

## 2.7 电力市场交易

### 1 启动平价项目绿证交易

2017年，国家发展改革委、财政部、国家能源局联合印发《关于试行可再生能源绿色电力证书核发及自愿认购交易制度的通知》（发改能源〔2017〕132号），启动自愿绿证交易市场，明确绿证是我国消费绿色电力的唯一凭证。2021年5月，随着风电、光伏发电平价项目陆续建成投产，平价项目绿证核发交易启动。同年6月28日，国家能源局局长章建华出席国际能源变革论坛会议并在致辞中宣布："2021年国际能源变革对话组委会以购买新能源平价绿证方式，实现了会场用电零碳化以及会议交通绿色化，用实际行动践行绿色低碳发展理念。"平价绿证交易较大程度降低了企业绿色电力消费成本，激发了市场需求。

### 2 启动绿色电力交易试点

2021年8月，国家发展改革委、国家能源局联合印发《关于绿电交易试点工作方案的复函》（发改体改〔2021〕1260号），原则同意国家电网和南方电网公司报送的《绿色电力交易试点工作方案》，要求国网、南网认真组织实施。用户侧或售电公司购买绿色电力有两种方式：一种是以直接交易方式从发电企业购买，通过双边协商、集中撮合等方式形成价格；另一种是从电网企业购买，由交易中心以挂牌、集中竞价等方式形成价格。该复函同时要求建立全国统一的绿证制度，国家能源局组织国家可再生能源信息管理中心，根据绿色电力交易试点需要，向北京电力交易中心、广州电力交易中心批量核发绿证。

### 3 扩大电力现货试点范围

为贯彻落实《中共中央国务院关于进一步深化电力体制改革的若干意见》（中发〔2015〕9号）及其配套文件精神，加快完善电力市场体系，在第一批八个电力现货市场建设试点基础上，进一步做好现货试点的相关工作，2021年4月，国家发展改革委办公厅、国家能源局综合司联合印发《关于进一步做好电力现货市场建设试点工作的通知》（发改办体改〔2021〕339号，以下简称《通知》），明确积极稳妥扩大现货试点范围，在第一批现货试点基础上，拟选择上海、江苏、安徽、辽宁、河南、湖北等六省（市）为第二批电力现货试点。

《通知》提出，稳妥有序推动新能源参与电力市场，鼓励新能源项目与电网企业、用户、售电公司通过签订长周期（如20年及以上）差价合约参与电力市场。引导新能源项目10%的预计当期电量通过市场化交易竞争上网，市场交易部分可不计入全生命周期保障收购小时数。

## 4 优化营商环境，规范接网服务

2021年12月，国家能源局印发《关于印发能源领域深化"放管服"改革优化营商环境实施意见的通知》（国能发法改〔2021〕63号），提出规范接网服务、促进新能源加速发展、推动分布式发电市场化交易等要求。规范接网方面，要求电网企业做好新能源等项目接入电网及电网互联服务，提高接网服务效率；要求各省级能源主管部门结合实际推动明确新能源投资自建配套送出工程的回购机制和标准。促发展方面，要求简化新能源项目核准（备案）手续，对于依法依规已履行行政许可手续的项目，不得针对项目开工建设、并网运行及竣工验收等环节增加或变相增加办理环节和申请材料。市场化交易方面，要求完善市场交易机制，支持分布式发电参与市场交易，建立适应可再生能源微电网、存量地方电网、增量配电网与大电网开展交易的体制机制；推动开展分布式发电就近交易，落实相关价格政策；推动分布式发电参与绿色电力交易。

# 3 开发应用篇
Development and Application

## 3.1 风能资源

**2021年我国风能资源为正常略偏大年景。** 70米高度年平均风速约5.5米/秒，年平均风功率密度约每平方米196.7瓦，其中，山西、四川、河南、内蒙古、宁夏较近10年平均值偏高，上海、贵州、海南、广东、青海、湖南、北京、甘肃偏低，其他地区与近10年平均值接近。

### 3.1.1 风速

**2021年，全国70米高度年平均风速约5.5米/秒。** 从空间分布看，平均风速大于6.0米/秒的地区主要分布在东北大部、华北北部、内蒙古大部、宁夏中南部、陕西北部、甘肃西部、新疆东部和北部的部分地区、青藏高原大部、云贵高原和广西等地的山区、东南沿海等地。其中，东北西部和东北部、内蒙古中东部、新疆北部和东部的部分地区、甘肃西部、青藏高原大部等地年平均风速达到7.0米/秒，部分地区达到8.0米/秒以上。年平均风速大于5.0米/秒的区域范围进一步扩大，除上述地区外，山东西部及东部沿海、江苏大部、安徽东部等地年平均风速也达到5.0米/秒以上。

**2021年，全国100米高度平均风速均值约为5.8米/秒。** 从空间分布看，平均风速大于6.0米/秒的地区主要分布在东北大部、内蒙古、华北北部、华东北部、宁夏中南部、陕西北部、甘肃西部、新疆东部和北部的部分地区、青藏高原、云贵高原和广西等地的山区、中东部地区沿海等地。其中，东北西部和东北部、内蒙古中东部、新疆北部和东部的部分地区、甘肃西部、青藏高原大部等地年平均风速达到7.0米/秒，部分地区达到8.0米/秒以上。

### 3.1.2 风功率密度

**2021年，全国70米高度年平均风功率密度为每平方米196.7瓦。** 从空间分布看，平均风功率密度大值区主要在内蒙古中东部、黑龙江东部、吉林西部和东部的部分地区、河北北部、山西北部、新疆北部和东部的部分地区、青藏高原和云贵高原等地的山脊地区、福建东部沿海等地，上述地区年平均风功率密度一般超过每平方米300瓦；年平均风功率密度超过每平方米200瓦的分布区域较广，除上述地区外，东北西部和东北部、四川东北部以及沿海的大部分地区年平均风功率密度一般都能达到每平方米 200 瓦。

**2021 年，全国 100 米高度年平均风功率密度为每平方米 234.9 瓦。** 从空间分布看，平均风功率密度大值区主要在内蒙古中东部、黑龙江东部、吉林西部和东部的部分地区、河北北部、山西北部、新疆北部和东部的部分地区、青藏高原大部、云贵高原的山脊地区、福建东部沿海等地，上述地区年平均风功率密度一般超过每平方米 300 瓦。除江南东部、四川盆地、陕西南部、云南西南部、西藏东南部、新疆南疆盆地等地的部分地区年平均风功率密度小于每平方米 150 瓦，其余我国大部年平均风功率密度一般都超过每平方米 150 瓦。

2021 年全国重点省份陆地 100 米高度年平均风速与风功率密度统计见图 3-1。

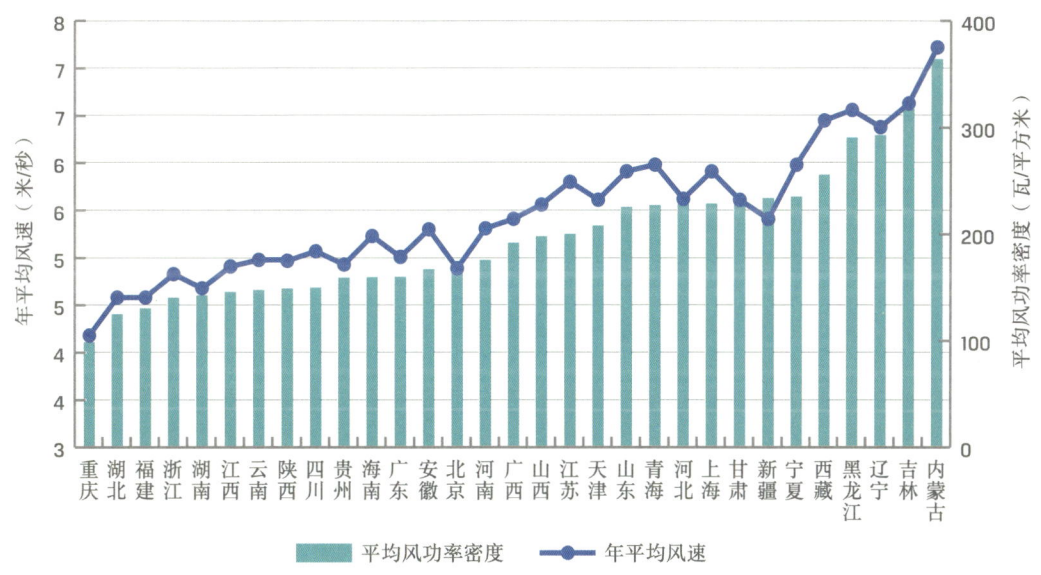

图 3-1　2021 年全国重点省份陆地 100 米高度年平均风速与风功率密度统计

## 3.1.3　海上风能资源

**海上风电可开发资源潜力较大。** 我国大陆海岸线长 18000 多千米，受夏、秋季节热带气旋活动和冬、春季节北方冷空气影响，海上风能资源丰富。在近海海域，大部分区域 100 米高度年平均风速超过 7 米/秒，风功率密度可达每平方米 300 瓦以上，综合考虑通航影响、生态环境保护等因素后，可开发量超过 1 亿千瓦。在深远海海域，当前技术条件下，我国适宜开发海上风电的专属经济区及领海外其他海域面积约 73 万平方公里，风能资源较丰富，年平均风速大多在 7.5～12.0 米/秒，技术可开发量约为 45 亿千瓦。综合考虑通航影响、生态环境保护等因素后，可开发量超过 15 亿千瓦。

## 3.2 前期管理

### 3.2.1 积极落实新建项目分类管理

按照《国家能源局关于 2021 年风电、光伏发电开发建设有关事项的通知》（国能发新能〔2021〕25 号），各省（区、市）相继开展保障性并网和市场化并网项目申报工作。其中，2021 年保障性并网规模主要用于安排存量项目，包括 2020 年底前已核准且在核准有效期内的风电项目、2019 年和 2020 年平价风电项目等，这些项目无须参加竞争性配置，直接纳入各省（区、市）保障性并网项目范围。对于存量项目并网后仍不能满足 2021 年非水电最低消纳责任权重要求、保障性并网仍有空间的省（区、市），由省级能源主管部门按剩余保障性并网规模组织开展竞争性配置，加快推进项目建设，确保年内并网投产。2021 年内未能并网的存量项目，由各省级能源主管部门统筹，直接纳入后续年度保障性并网范围。例如，河北省和山东省通过项目审核、接入和消纳论证、实施承诺等程序，优选出纳入该省 2021 年保障性并网和市场化并网的项目，并正式公布。

### 3.2.2 稳步推进项目核准

在国家重大战略目标及可再生能源消纳责任权重目标的引导下，2021 年全国风电项目核准工作稳步推进。据不完全统计，2021 年全国新增核准风电项目容量 4018 万千瓦，同比增长 88%。内蒙古、云南、河南分别核准 1007 万千瓦、605 万千瓦、404 万千瓦，居前三位。全年新增核准容量超过 200 万千瓦的有 7 个省份，除前三位外，还有辽宁、青海、河北和吉林。2021 年全国各省（区、市）风电新增核准容量统计见表 3-1。

表 3-1　2021 年全国各省（区、市）风电新增核准容量统计

| 序号 | 省（区、市） | 新增核准容量（万千瓦） | 占比 |
|---|---|---|---|
| 1 | 北京 | 0 | 0% |
| 2 | 天津 | 7 | 0% |
| 3 | 河北 | 243 | 6% |
| 4 | 山西 | 34 | 1% |
| 5 | 山东 | 77 | 2% |
| 6 | 内蒙古 | 1007 | 25% |
| 7 | 辽宁 | 330 | 8% |
| 8 | 吉林 | 232 | 6% |
| 9 | 黑龙江 | 5 | 0% |
| 10 | 上海 | 25 | 1% |
| 11 | 江苏 | 0 | 0% |
| 12 | 浙江 | 0 | 0% |
| 13 | 安徽 | 0 | 0% |
| 14 | 福建 | 80 | 2% |
| 15 | 江西 | 0 | 0% |
| 16 | 河南 | 404 | 10% |
| 17 | 湖北 | 96 | 2% |
| 18 | 湖南 | 5 | 0% |
| 19 | 重庆 | 32 | 1% |
| 20 | 四川 | 166 | 4% |
| 21 | 陕西 | 10 | 0% |
| 22 | 甘肃 | 149 | 4% |
| 23 | 青海 | 257 | 6% |
| 24 | 宁夏 | 0 | 0% |
| 25 | 新疆 | 23 | 1% |
| 26 | 新疆生产建设兵团 | 0 | 0% |
| 27 | 西藏 | 0 | 0% |
| 28 | 广东 | 35 | 1% |
| 29 | 广西 | 117 | 3% |
| 30 | 海南 | 0 | 0% |
| 31 | 贵州 | 78 | 2% |
| 32 | 云南 | 605 | 15% |
| 全国 | — | 4018 | 100% |

## 3.2.3 推动大型风电光伏发电基地项目建设

2021年11月,国家发展改革委办公厅、国家能源局综合司联合印发《关于印发第一批以沙漠、戈壁、荒漠地区为重点的大型风电光伏基地建设项目清单的通知》(发改办能源〔2021〕926号),公布了第一批大型风电光伏基地项目清单,涉及19个省(区、市),包含项目50个,合计装机容量9705.5万千瓦(见表3-2)。其中,装机容量最大的是内蒙古,为2020万千瓦;装机容量超过1000万千瓦的省(区)有三个,分别是内蒙古、陕西、青海;装机容量在500万千瓦到1000万千瓦的省(区)有三个,分别是甘肃、吉林、广西;其他13个省(区、市)装机容量在500万千瓦以下。

表3-2 第一批大型风电光伏基地建设项目汇总

| 序号 | 省(区、市) | 项目数(个) | 规划装机容量(万千瓦) |
|---|---|---|---|
| 1 | 内蒙古 | 8 | 2020 |
| 2 | 陕西 | 3 | 1250 |
| 3 | 青海 | 5 | 1090 |
| 4 | 甘肃 | 5 | 855 |
| 5 | 吉林 | 3 | 730 |
| 6 | 广西 | 3 | 600.5 |
| 7 | 辽宁 | 3 | 410 |
| 8 | 宁夏 | 2 | 300 |
| 9 | 河北 | 3 | 300 |
| 10 | 新疆生产建设兵团 | 2 | 300 |
| 11 | 贵州 | 2 | 300 |
| 12 | 黑龙江 | 2 | 280 |
| 13 | 云南 | 1 | 270 |
| 14 | 新疆 | 2 | 240 |
| 15 | 山东 | 1 | 200 |
| 16 | 山西 | 2 | 200 |
| 17 | 四川 | 1 | 140 |
| 18 | 安徽 | 1 | 120 |
| 19 | 湖南 | 1 | 100 |
| 合计 | — | 50 | 9705.5 |

上述项目清单公布后,各地积极推进相关项目的开发建设工作。截至 2021 年底,清单内已开工的大型风电光伏基地项目规模超过 7000 万千瓦。其中,内蒙古、陕西、青海三省(区)开工容量均超过千万千瓦,甘肃、广西、吉林三省(区)开工容量均超过 500 万千瓦。

## 3.3 建设运行

### 3.3.1 建设情况

**装机规模稳居世界第一。** 2021 年,我国风电行业持续高质量规模化发展,全年新增并网装机容量 4757 万千瓦,仅次于 2020 年历史最高新增并网装机规模。其中,陆上风电新增装机容量 3067 万千瓦,同比减少 55.3%;海上风电新增装机容量 1690 万千瓦,同比增长 452.3%。

截至 2021 年年底,全国风电累计并网装机容量达 32848 万千瓦,同比增长 16.9%。其中,陆上风电累计装机容量 30209 万千瓦,同比增长 10.8%;海上风电累计装机容量 2639 万千瓦,同比增长 193.5%。风电累计装机约占全部电源累计装机的 13.8%,同比提升 1 个百分点。中国风电累计装机已连续 12 年保持全球第一。

2012—2021 年风电累计装机容量占总装机容量比重变化趋势见图 3-2,2011—2021 年风电并网装机容量变化趋势见图 3-3。

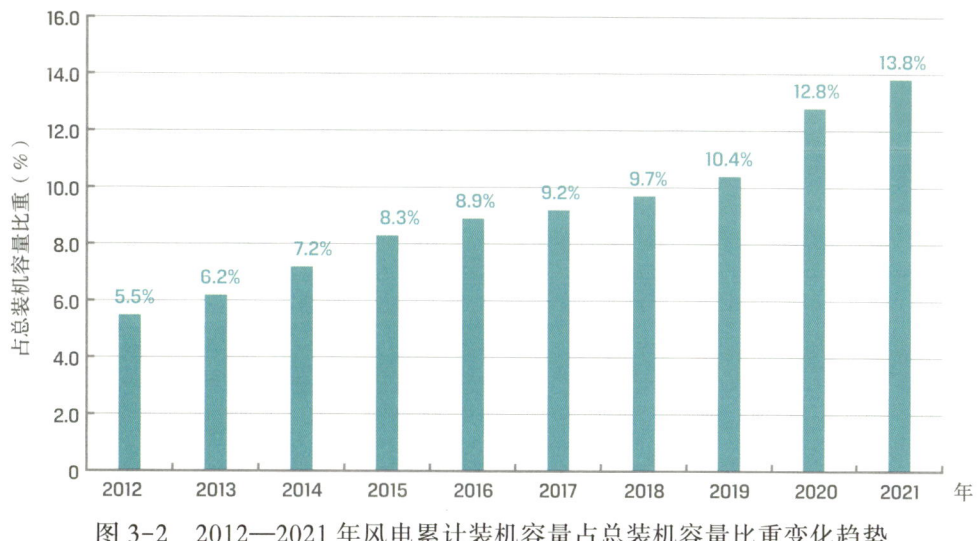

图 3-2 2012—2021 年风电累计装机容量占总装机容量比重变化趋势

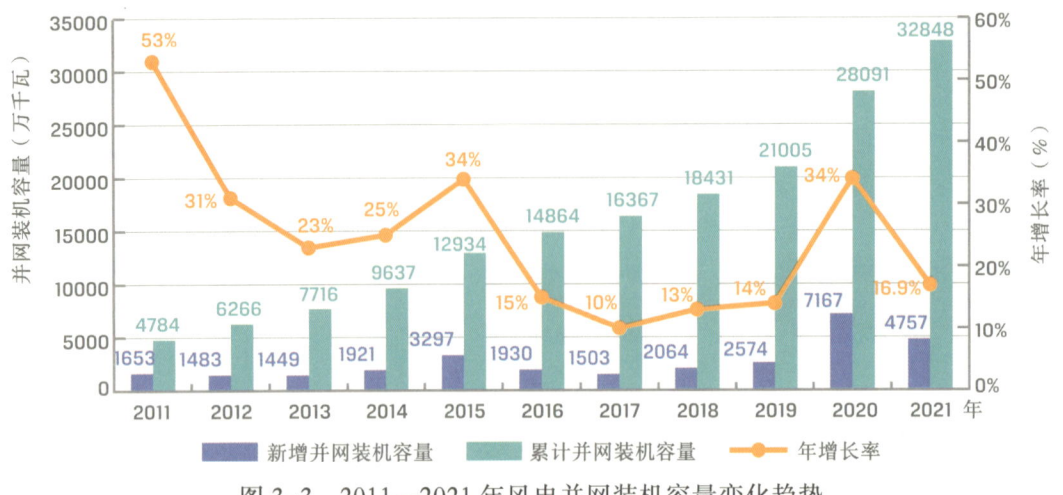

图 3-3　2011—2021 年风电并网装机容量变化趋势

注：2020 年累计装机容量进行了核实调整。

**风电基地外送与就地利用并举。**我国"三北"地区资源禀赋好，具有集中连片开发条件，近年来，国家在"三北"地区积极推进大型风电基地建设和规模化外送，累计装机规模超过千万千瓦的省份有内蒙古、河北、新疆、甘肃、山西、宁夏、陕西、山东、辽宁；中东南部地区靠近负荷中心，具备良好的消纳条件，该区域内主要以就地就近开发模式为主，截至 2021 年底，河南、湖北、湖南、安徽、江西等中东南部省份，累计装机容量均超过 500 万千瓦，尤其是河南省，累计装机容量达到 1850 万千瓦，居中东部省份首位。截至 2021 年底全国风电累计装机分布示意见图 3-4。

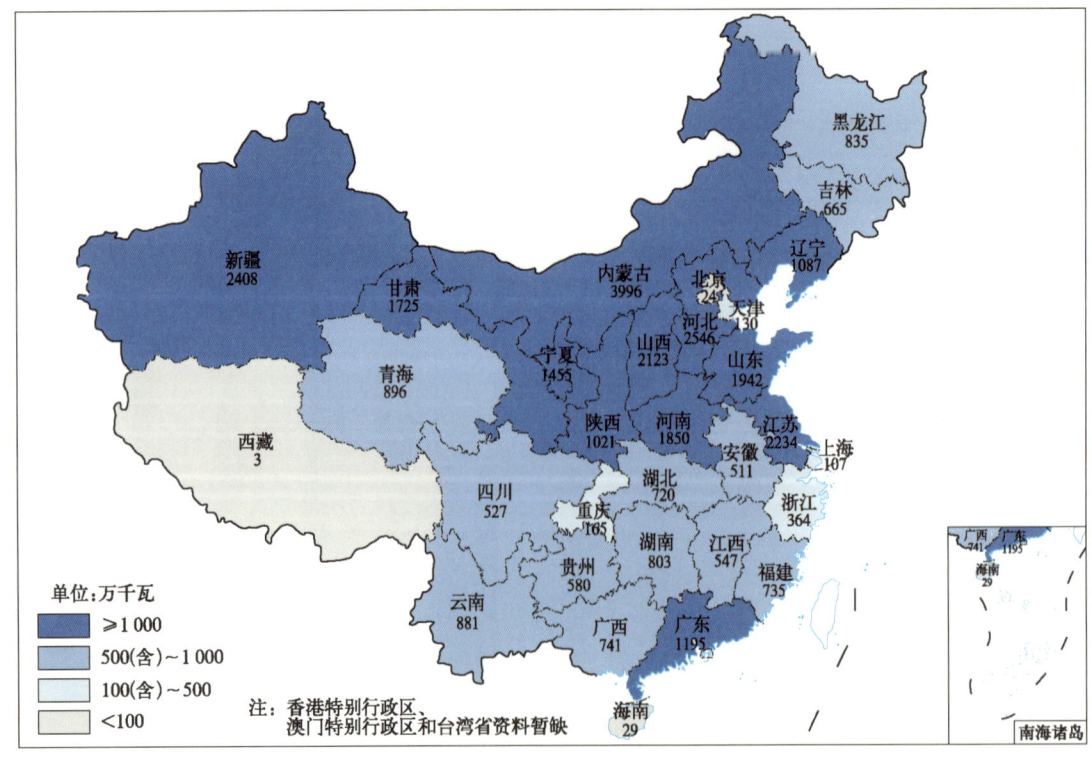

图 3-4　截至 2021 年底全国风电累计装机分布示意

**海上风电实现跨越发展，累计装机跃居世界第一。** 受补贴退坡和项目建设时限等因素影响，2021年我国海上风电并网规模大幅提高，全年新增并网装机容量达到1690万千瓦，同比增长452%，约为2020年及以前累计装机容量的1.9倍。其中，江苏、广东两省新增装机容量合计约占全国新增装机总容量的69%，成为我国海上风电发展的领跑者。从全球海上风电装机情况来看，2021年我国海上风电累计装机容量跃居世界第一。2011—2021年我国海上风电装机容量变化趋势见图3-5。

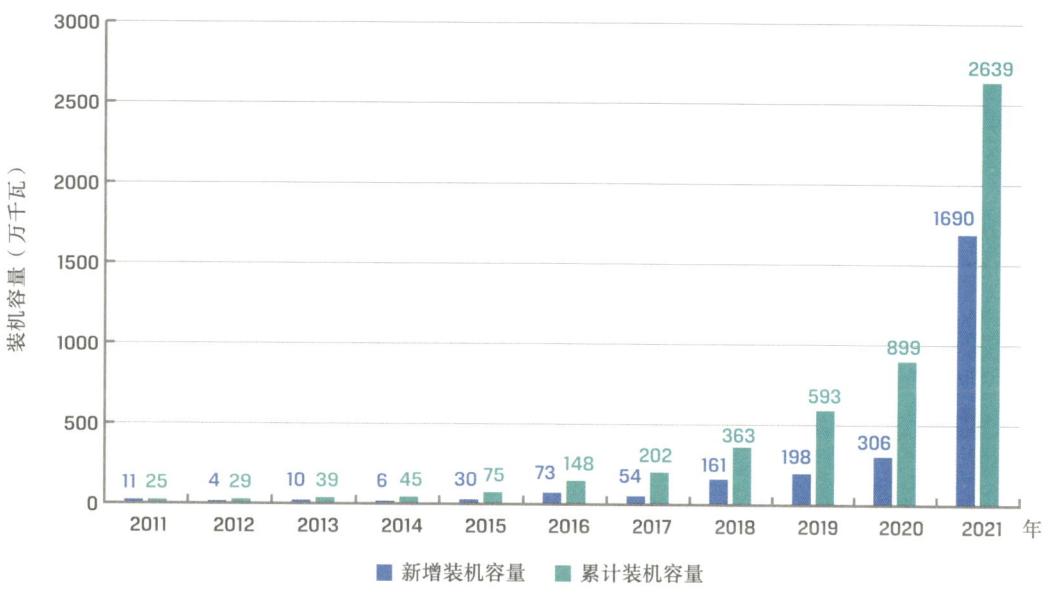

图3-5　2011—2021年我国海上风电装机容量变化趋势

## 3.3.2　运行情况

### 1　发电量持续增长

近年来，风电年发电量占全国电源总发电量的比重稳步提升，风能利用水平持续提高。2021年，全国风电发电量达到6556亿千瓦时，同比增长40.5%，占全部电源年发电量总和的7.8%，同比提高1.7个百分点，保持居煤电、水电之后的第三位，如图3-6所示。分省（区、市）看，除海南、云南、上海外，各省（区、市）发电量同比均有不同程度的增长，其中河南省增幅达到137%，安徽、陕西、江苏增幅均超过80%。年发电量超过200亿千瓦时的有内蒙古、新疆、河北、山西、江苏、山东、河南、甘肃、宁夏、云南、辽宁等11个省（区）。

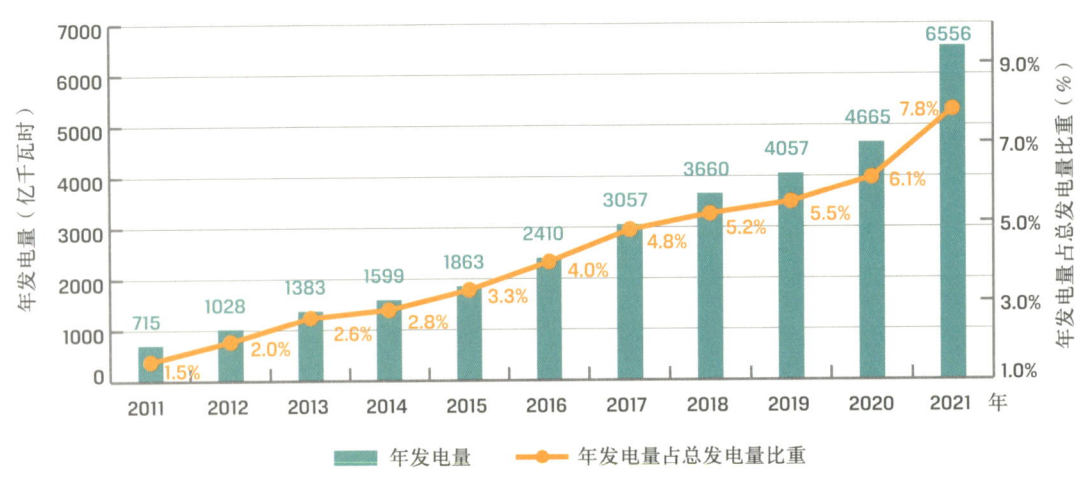

图 3-6 2011—2021 年我国风电年发电量及占比变化趋势

## 2 节能减排效益凸显

2021 年，全国风电发电量 6556 亿千瓦时，相当于节约标准煤约 2 亿吨，减少二氧化碳排放约 5.4 亿吨，减少二氧化硫排放超过 10.4 万吨。

## 3 年平均利用小时数同比增幅明显

2021 年，全国风电平均利用小时数 2246 小时，同比增加 149 小时，增幅 7.1%。分省（区、市）来看，全国 17 个省（区、市）风电平均利用小时数较上年有所增长，在平均利用小时数较高的地区中，福建 2836 小时、蒙西 2626 小时、云南 2618 小时，位居全国前三；平均利用小时数增加较多的地区中，河南增加 559 小时、宁夏增加 482 小时、山东增加 476 小时，位居全国前三。2011—2021 年我国风电年平均利用小时数对比如图 3-7 所示，2021 年全国各省（区、市）风电年平均利用小时数统计见表 3-3。

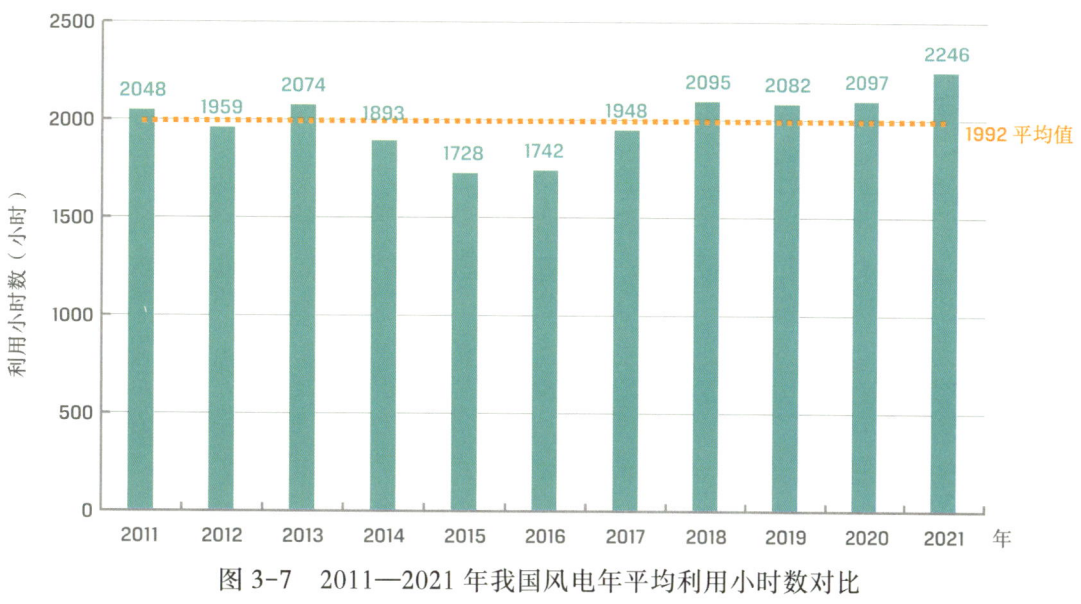

图 3-7　2011—2021 年我国风电年平均利用小时数对比

表 3-3　2021 年全国各省（区、市）风电年平均利用小时数统计

| 省（区、市） | 年利用小时数（小时） | 同比增减（小时） |
| --- | --- | --- |
| 全国 | 2246 | 148 |
| 北京 | 2045 | 51 |
| 天津 | 1893 | 2 |
| 河北 | 2209 | 73 |
| 山西 | 2355 | 431 |
| 蒙西 | 2626 | 307 |
| 蒙东 | 2252 | -79 |
| 山东 | 2250 | 476 |
| 辽宁 | 2286 | 39 |
| 吉林 | 2303 | -5 |
| 黑龙江 | 2210 | -44 |
| 上海 | 2196 | -93 |
| 江苏 | 2456 | 431 |
| 浙江 | 2173 | 53 |
| 安徽 | 2341 | 437 |
| 福建 | 2836 | -127 |
| 江西 | 2012 | -129 |
| 河南 | 2120 | 559 |
| 湖北 | 2162 | 243 |

续表

| 省（区、市） | 年利用小时数（小时） | 同比增减（小时） |
| --- | --- | --- |
| 湖南 | 2081 | 43 |
| 重庆 | 2077 | -96 |
| 四川 | 2394 | -145 |
| 陕西 | 2135 | 301 |
| 甘肃 | 2031 | 126 |
| 青海 | 1521 | -8 |
| 宁夏 | 2144 | 482 |
| 新疆 | 2310 | 130 |
| 西藏 | 1849 | -41 |
| 广东 | 1805 | -246 |
| 广西 | 2313 | -383 |
| 海南 | 1743 | -242 |
| 贵州 | 1900 | -238 |
| 云南 | 2618 | -228 |

## 4 电力消纳形势持续向好

2021年，全国风电平均利用率96.9%，同比提升0.4个百分点，电力消纳形势持续向好。其中，湖南、甘肃和新疆风电利用率同比显著提升，湖南风电利用率99%、甘肃风电利用率95.9%、新疆风电利用率92.7%，同比分别提升4.5个、2.3个、3.0个百分点。2011—2021年弃风电量和平均利用率变化趋势见图3-8。

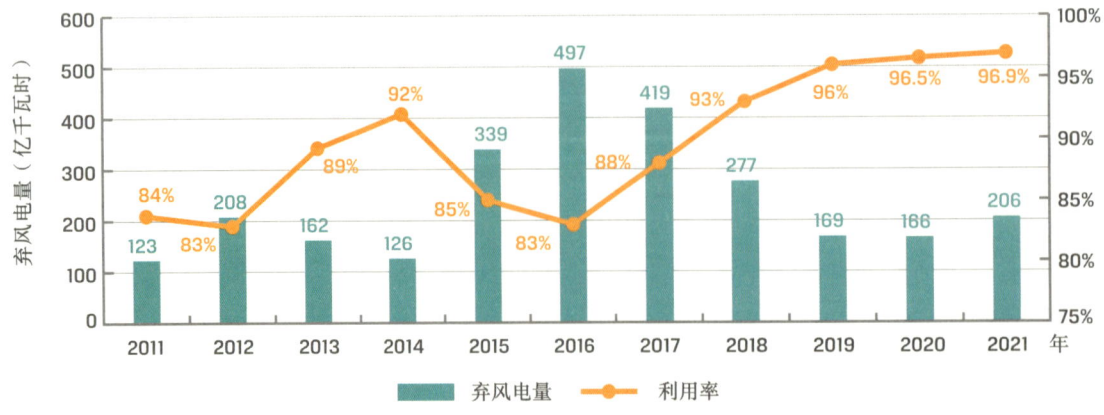

图3-8　2011—2021年弃风电量和平均利用率变化趋势

电力消纳形势的持续向好，主要得益于以下因素：一是全国全社会用电量同比增长迅速，为新能源消纳创造了有利条件；二是新疆、甘肃地区通过清洁能源供暖、电能替代、扩大市场化交易规模等措施，促进了新能源的本地消纳；三是国家保障性并网、市场化并网等并网多元保障机制，保障了新能源发电项目的有序建设和并网消纳。

## 5 可再生能源电力消纳责任权重完成情况较好

2021年，全国可再生能源发展取得诸多阶段性的新成绩，在全社会用电量同比增长10.3%和许多流域来水偏枯的情况下，各省（区、市）采取有效措施，压实主体责任，通过积极并网新能源项目、灵活调整电力系统运行方式、组织跨省跨区绿电交易和可再生能源超额消纳量交易等，保障完成省级可再生能源电力消纳责任权重目标，同时也体现了消纳权重对可再生能源发展起到的引领作用。

### • 可再生能源电力总量消纳责任权重完成情况

2021年，国家下达全国最低可再生能源电力总量消纳责任权重为29.4%，实际完成值为29.4%，与下达指标持平，同比增长0.6个百分点。分省来看，除西藏自治区免考核外，28个省（区、市）完成了国家下达的2021年最低可再生能源电力总量消纳责任权重，其中13个省（区、市）达到激励值；甘肃、新疆未完成最低可再生能源电力总量消纳责任权重，分别差2.6个和1.8个百分点。

### • 可再生能源电力非水消纳责任权重完成情况

2021年国家下达全国最低可再生能源电力非水消纳责任权重为12.9%，实际完成值为13.7%，超出下达指标0.8个百分点，同比增长2.3个百分点。分省来看，29个省份完成了国家下达的最低非水可再生能源电力消纳责任权重，其中19个省（区、市）达到激励值；新疆未完成最低可再生能源电力非水消纳责任权重，差0.6个百分点。

2021年全国各省（区、市）可再生能源电力消纳责任权重完成情况见表3-4。

表 3-4　2021 年全国各省（区、市）可再生能源电力消纳责任权重完成情况

| 省（区、市） | 总量消纳责任权重 | | | 非水消纳责任权重 | | |
| --- | --- | --- | --- | --- | --- | --- |
| | 最低值 | 激励值 | 实际值 | 最低值 | 激励值 | 实际值 |
| 北京 | 18.00% | 19.80% | 19.80% | 17.50% | 19.30% | 19.40% |
| 天津 | 17.00% | 18.70% | 19.50% | 16.00% | 17.60% | 18.40% |
| 河北 | 16.50% | 18.20% | 17.60% | 16.00% | 17.60% | 16.80% |
| 山西 | 20.00% | 22.00% | 24.90% | 19.00% | 20.90% | 23.40% |
| 山东 | 13.00% | 14.30% | 15.80% | 12.50% | 13.80% | 14.90% |
| 内蒙古 | 20.50% | 22.60% | 24.10% | 19.50% | 21.50% | 22.50% |
| 辽宁 | 15.50% | 17.10% | 19.10% | 13.50% | 14.90% | 14.00% |
| 吉林 | 28.00% | 30.90% | 29.90% | 21.00% | 23.10% | 21.00% |
| 黑龙江 | 22.00% | 24.20% | 23.30% | 20.00% | 22.00% | 23.20% |
| 上海 | 31.50% | 35.00% | 31.90% | 4.00% | 4.40% | 5.20% |
| 江苏 | 16.50% | 18.20% | 18.60% | 10.50% | 11.60% | 12.10% |
| 浙江 | 18.50% | 20.50% | 18.90% | 8.50% | 9.40% | 8.60% |
| 安徽 | 16.00% | 17.60% | 19.30% | 14.00% | 15.40% | 16.00% |
| 福建 | 19.00% | 21.00% | 19.00% | 7.50% | 8.30% | 9.10% |
| 江西 | 26.50% | 29.30% | 29.30% | 12.00% | 13.20% | 13.10% |
| 河南 | 21.50% | 23.70% | 29.00% | 18.00% | 19.80% | 21.40% |
| 湖北 | 37.00% | 41.00% | 41.50% | 10.00% | 11.00% | 10.90% |
| 湖南 | 45.00% | 49.90% | 46.40% | 13.50% | 14.90% | 14.00% |
| 重庆 | 43.50% | 48.30% | 45.50% | 4.00% | 4.40% | 4.30% |
| 四川 | 74.00% | 82.00% | 80.40% | 6.00% | 6.60% | 7.10% |
| 陕西 | 25.00% | 27.60% | 26.70% | 15.00% | 16.50% | 17.90% |
| 甘肃 | 49.50% | 54.80% | 46.90% | 18.00% | 19.80% | 18.90% |
| 青海 | 69.50% | 77.00% | 77.10% | 24.50% | 27.00% | 29.30% |
| 宁夏 | 24.00% | 26.40% | 28.80% | 22.00% | 24.20% | 26.20% |
| 新疆 | 22.00% | 24.30% | 20.20% | 12.50% | 13.80% | 11.90% |
| 广东 | 29.00% | 32.20% | 29.00% | 5.00% | 5.50% | 5.70% |
| 广西 | 43.00% | 47.70% | 43.10% | 10.00% | 11.00% | 11.40% |
| 海南 | 16.00% | 17.70% | 17.50% | 8.00% | 8.80% | 9.40% |
| 贵州 | 35.50% | 39.40% | 36.10% | 8.50% | 9.40% | 9.80% |
| 云南 | 75.00% | 83.00% | 77.50% | 15.00% | 16.50% | 15.00% |
| 西藏 | 不考核 | 不考核 | 不考核 | 不考核 | 不考核 | 不考核 |

注：1. 西藏不参与考核。
　　2. 湖南已计入贵州点对网 45.5 亿度水电。

## 3.4 区域发展

### 3.4.1 区域发展总体概况

**开发布局进一步优化。** 2021 年，我国继续推进区域优化布局，坚持在"三北"地区着力提升外送和就地消纳能力，在中东南地区重点推进风电就地就近开发。从新增装机分布看，中东部和南方地区占比约 61%，同比增长 21 个百分点；"三北"地区占比约 39%，同比下降 21 个百分点。从累计装机分布看，中东南部地区累计装机容量占比持续提升至 37%，同比增长 5 个百分点。2011—2021 年全国风电装机布局变化趋势见图 3-9。

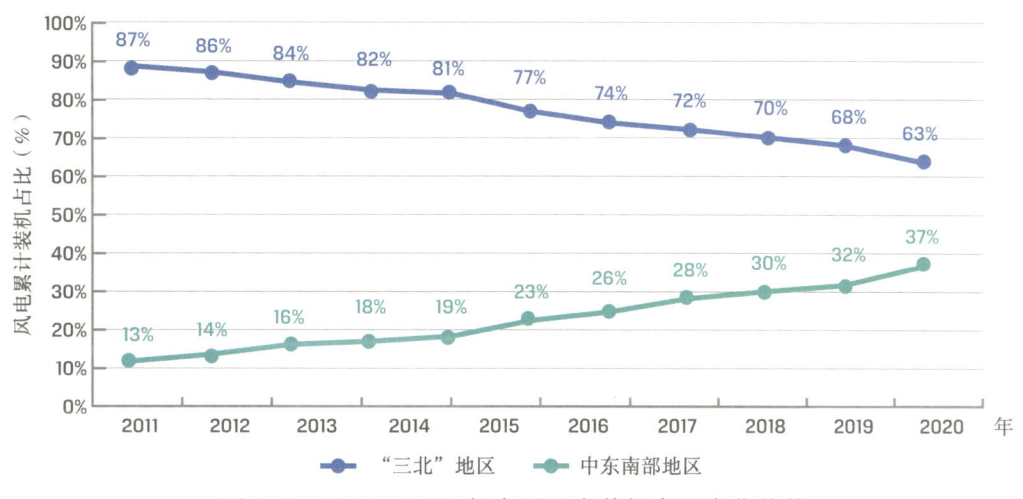

图 3-9　2011—2021 年全国风电装机布局变化趋势

### 3.4.2 重点省份分析

2021 年，我国风电呈现陆上风电和海上风电并举、"三北"地区和中东南部地区共同推进的态势。全国六大区域中，华北地区累计装机容量最大的省份是内蒙古，西北地区累计装机容量最大的省份是新疆，东北地区累计装机容量最大的省份是辽宁，华中地区累计装机容量最大的省份是河南，华东地区累计装机容量最大的省份是江苏，南方地区累计装机容量最大的省份为广东；同时，江苏和广东作为我国海上风电发展最快的省份，2021 年海上风电的新增和累计并网装机容量分别居我国的第一位和第二位。

选取上述内蒙古、新疆、辽宁、河南、江苏、广东六个省份作为典型省份，分析其 2021 年的建设运行情况。

## (1) 内蒙古

### • 资源状况

内蒙古风能资源技术可开发量居全国首位，具有风速大、分布广的特点。风能资源丰富区主要分布在以阿拉善高原、巴彦淖尔高原、鄂尔多斯高原、乌兰察布高原、锡林郭勒高原、呼伦贝尔高原为主体的高原区，以及大兴安岭、阴山和贺兰山等山脉两侧的缓山丘陵区和西辽河平原。在 70 米高度，风功率密度每平方米 400 瓦以上的技术可开发量为 4.11 亿千瓦，技术可开发面积达到 11.12 万平方公里；每平方米 300 瓦以上的技术可开发量为 14.60 亿千瓦，技术可开发面积达到 39.49 万平方公里；每平方米 250 瓦以上的技术可开发量为 15.69 亿千瓦，技术可开发面积达到 42.17 万平方公里；每平方米 200 瓦以上的技术可开发量为 17.29 亿千瓦，技术可开发面积达到 46.10 万平方公里。

内蒙古 70 米高度 30 年平均风速分布和风功率密度分布分别见图 3-10 和图 3-11。

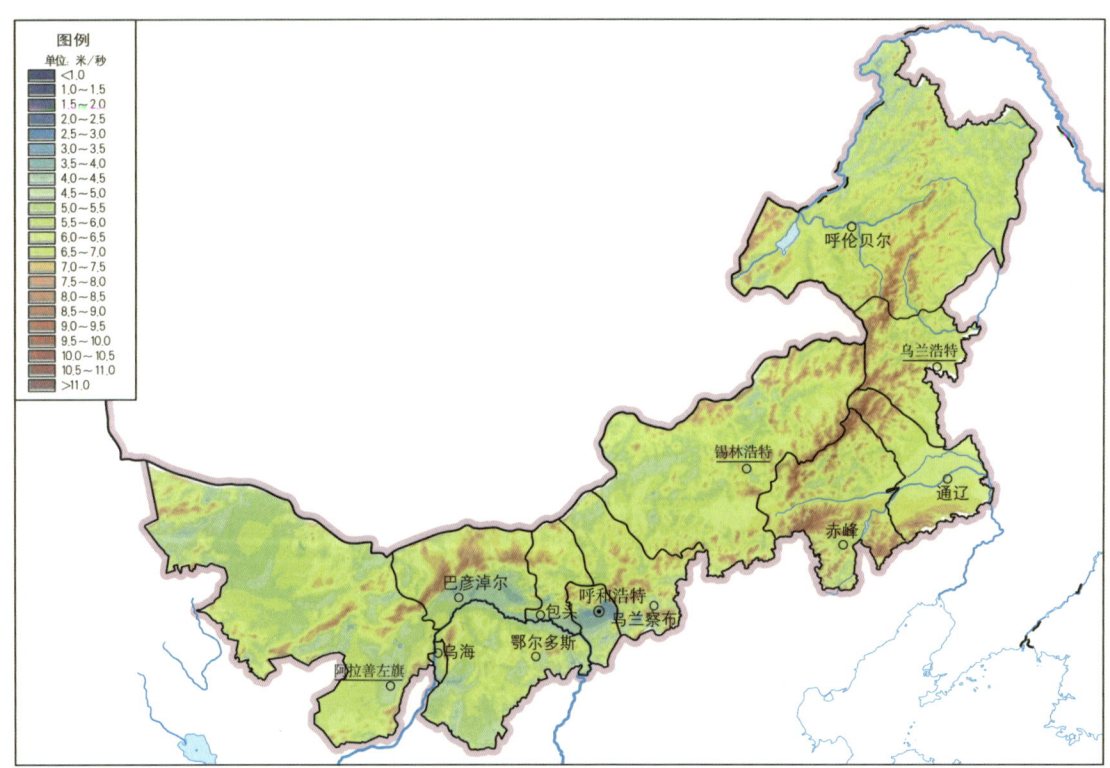

图 3-10　内蒙古 70 米高度 30 年平均风速分布

# 开发应用篇
## Development and Application

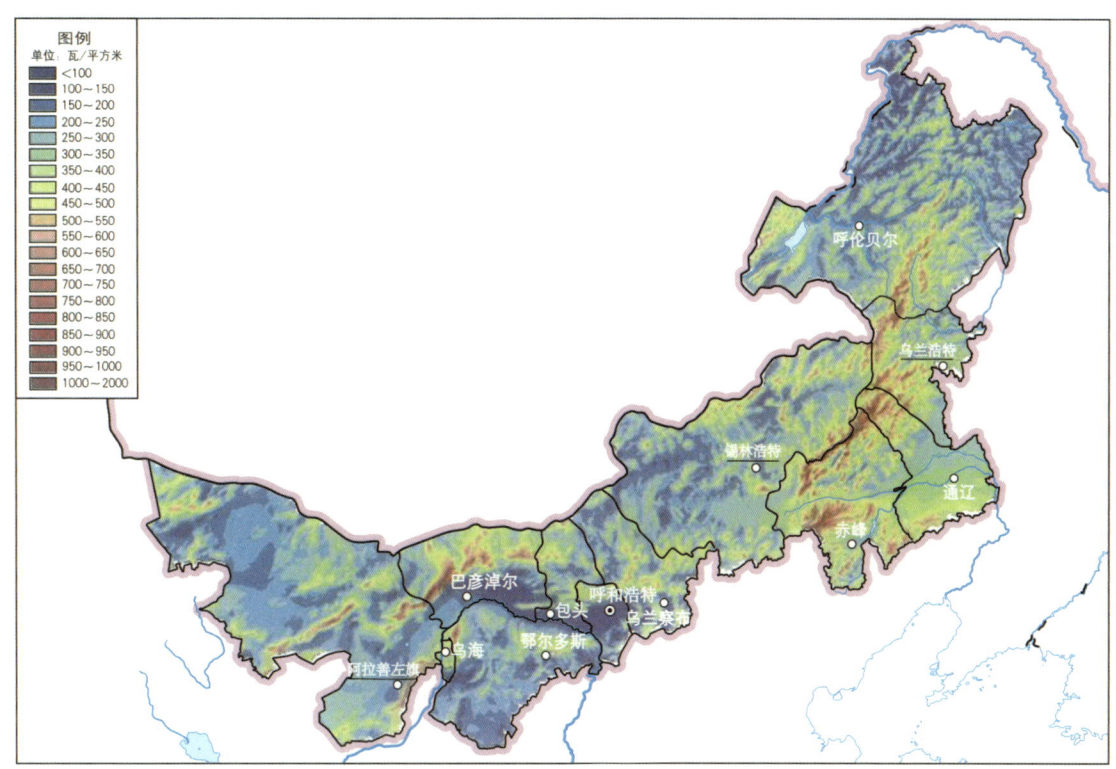

图 3-11 内蒙古 70 米高度 30 年平均风功率密度分布

## • 建设情况

2021 年，内蒙古风电新增装机容量 217 万千瓦，约占到全国新增装机容量的 5%。其中，蒙西地区新增装机容量 82 万千瓦，同比增长 15%；蒙东地区新增装机容量 135 万千瓦，同比减少 80%。截至 2021 年底，内蒙古风电累计装机容量 3996 万千瓦，占全国总装机容量的 12%，蝉联全国第一位。其中，蒙西地区累计装机容量 2079 万千瓦，同比增长 4.4%；蒙东地区累计装机容量 1917 万千瓦，同比增长 7.6%。

## • 运行消纳

2021 年，内蒙古风电年发电量 937 亿千瓦时，约占全国总发电量的 14%。其中，蒙西地区风电年发电量 518 亿千瓦时，同比增长 17.7%；年平均利用小时数 2626 小时，同比增加 307 小时，超过全国平均水平 380 小时。蒙东地区风电年发电量 419 亿千瓦时，同比增长 58.8%；年平均利用小时数 2252 小时，同比减少 79 小时，超过全国平均水平 6 小时。

受能耗"双控"影响，蒙西部分地区对高耗能产业采取了较为严格的限产措施，全社会用电量增速较小，导致蒙西地区 2021 年平均利用率仅 91%，同比降低近 2 个百分点。蒙东地区平均利用率 98%，同比基本持平。

## (2) 新疆

### • 资源状况

新疆地域宽广，地形复杂，风能资源时空分布极其复杂。新疆风能资源丰富区集中在阿拉山口、达坂城河谷、塔城老风口、额尔齐斯河谷、三塘湖—淖毛湖、哈密东南部、十三间房、吐鲁番小草湖、吐鲁番盆地南部低山戈壁、孔雀河、罗布泊东北部与北部、南疆东部沿山一带，以及海拔 3500 米以上的高山之中。

新疆风能资源丰富，潜在风能开发量为 4.75 亿千瓦（按 70 米高度风功率密度达到 300 瓦/平方米以上的可开发量计），技术可开发量为 4.35 亿千瓦。

新疆风能资源分布有明显的季节性差异，大部分风区风速冬春小、夏秋大；额尔齐斯河谷风区、达坂城风区风速冬春小、夏秋大。风能资源分布存在一定的日内差异，一般呈现"一峰一谷"，峰时多数出现在上午，低谷出现在午后。

新疆 70 米高度 30 年平均风速分布和风功率密度分布分别见图 3-12 和图 3-13。

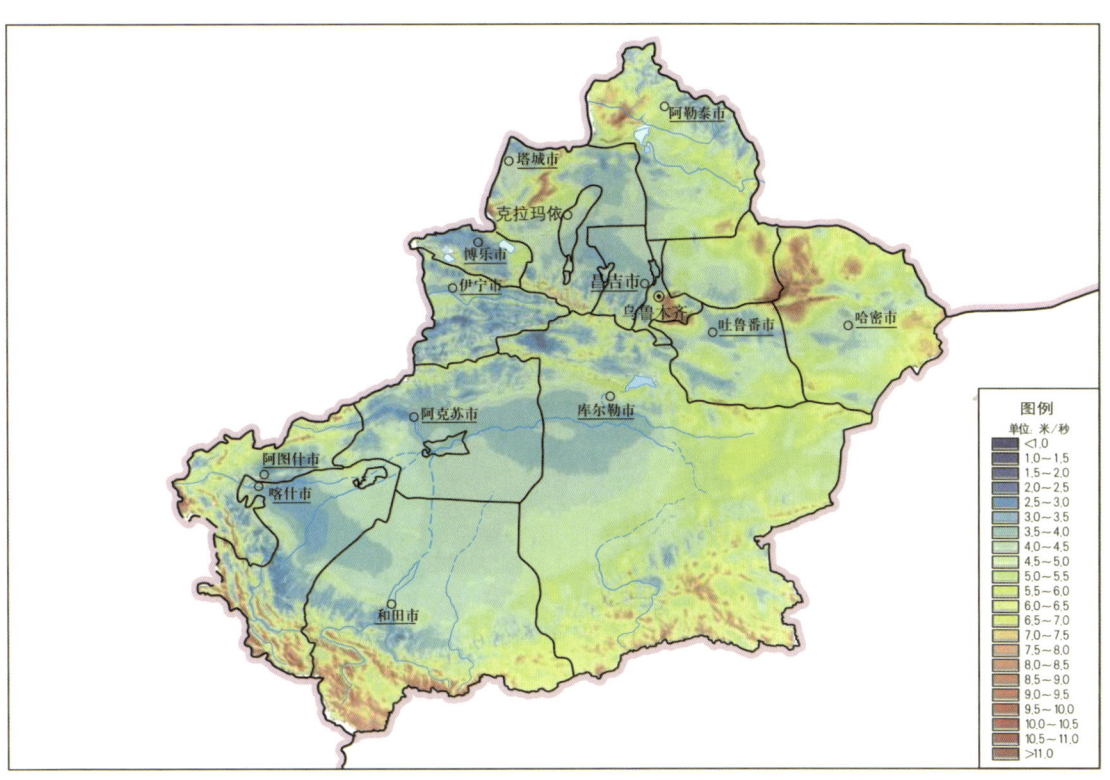

图 3-12 新疆 70 米高度 30 年平均风速分布

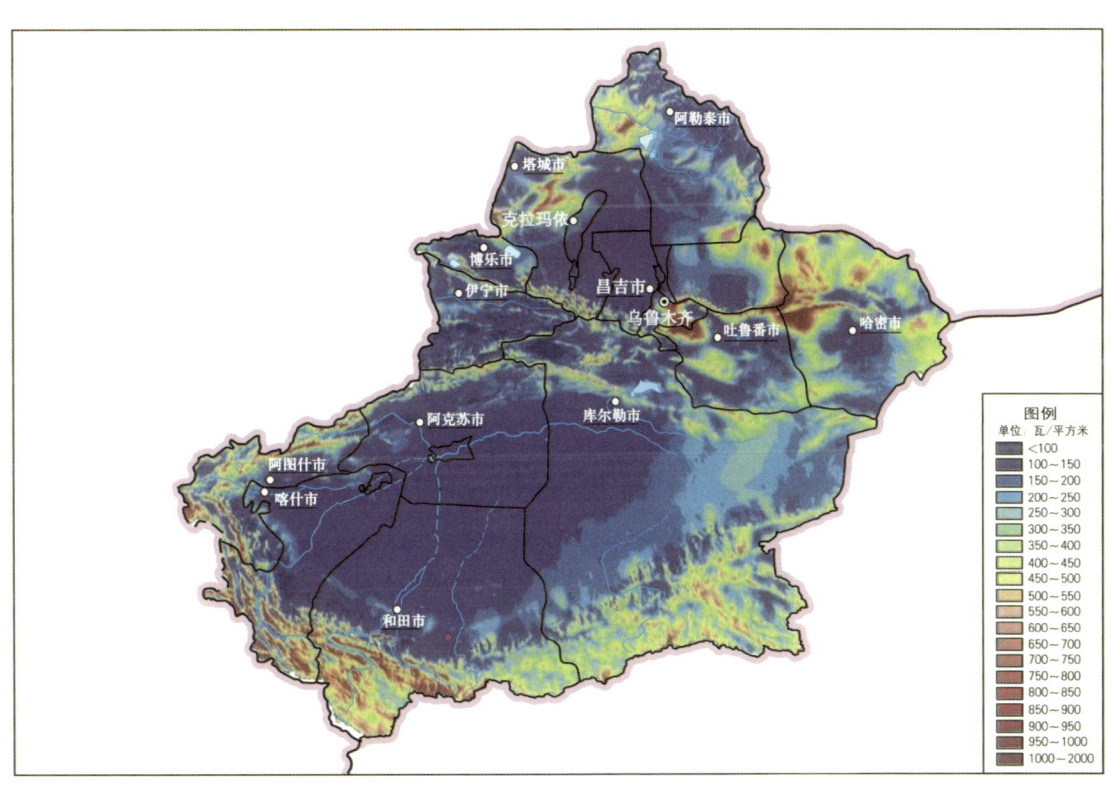

图 3-13 新疆 70 米高度 30 年平均风功率密度分布

- 建设情况

新疆是我国大力推进大型风电基地建设的重点地区，也是西北地区风电装机容量最大的省份。2021年，新疆风电新增装机容量69万千瓦，同比减少81%，约占全国新增装机容量的1%。截至2021年底，新疆风电累计装机容量2408万千瓦，占全国总装机容量的7%，居全国第三位。

- 运行消纳

2021年，新疆风电年发电量548亿千瓦时，同比增长26.3%；年平均利用小时数2310小时，同比增加130小时，超过全国平均水平64小时。全疆电力消纳形势持续好转，2021年平均利用率为93%，同比增加3个百分点。弃电率持续降低主要得益于三方面原因：一是深入挖掘自备电厂消纳潜力和加快推动火电灵活性改造；二是全区全社会用电量增速较快，高于全国平均水平；三是全区积极推动电采暖项目实施，同时不断扩大绿电市场化的交易规模。

## （3）辽宁

- 资源状况

辽宁总体上具有北部和西北部风能资源大于东南部的特点。风能资源丰富的地区主要分布在三个带上，即辽北山地丘陵风能资源丰富带、辽东湾沿岸风能资源丰富带和辽东长白山余脉主山梁地带。在70米高度，风功率密度每平方米400瓦以上的技术可开发量为1170万千瓦，技术可开发面积为3998平方公里；每平方米300瓦以上的技术可开发量为5981万千瓦，技术可开发面积为20409平方公里；每平方米250瓦以上的技术可开发量为9081万千瓦，技术可开发面积为30569平方公里；每平方米200瓦以上的技术可开发量为9305万千瓦，技术可开发面积为31540平方公里。

辽宁70米高度30年平均风速分布和风功率密度分布分别见图3-14和图3-15。

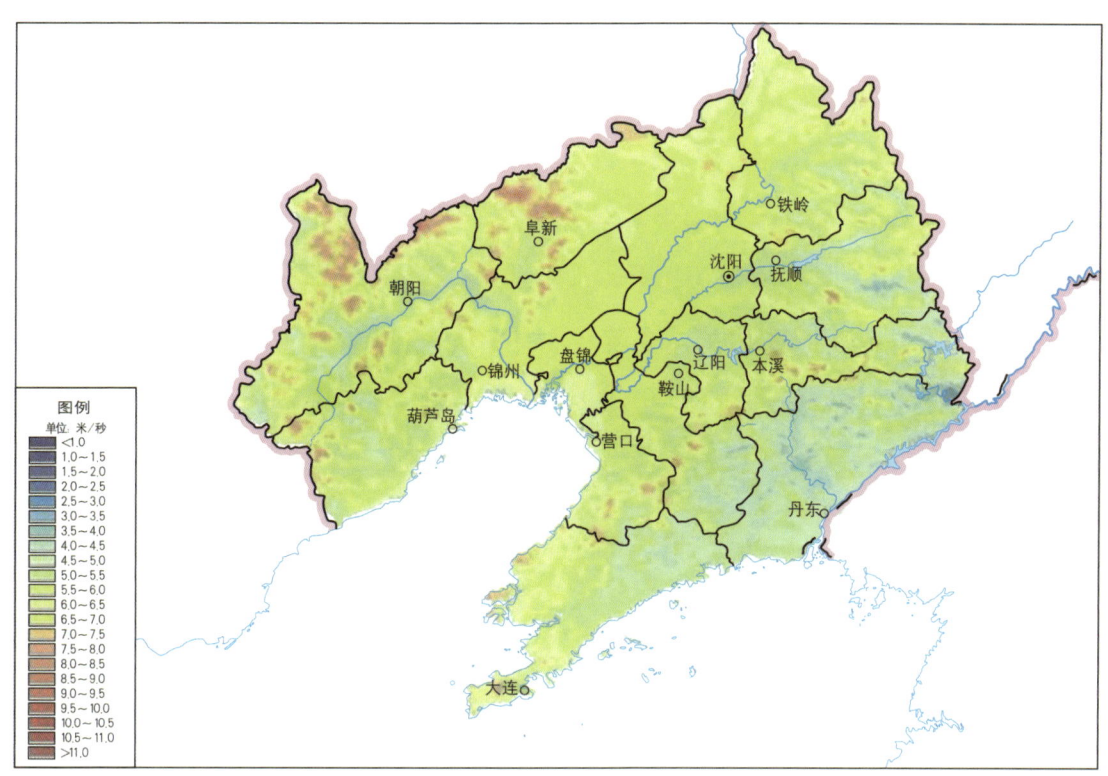

图 3-14 辽宁 70 米高度 30 年平均风速分布

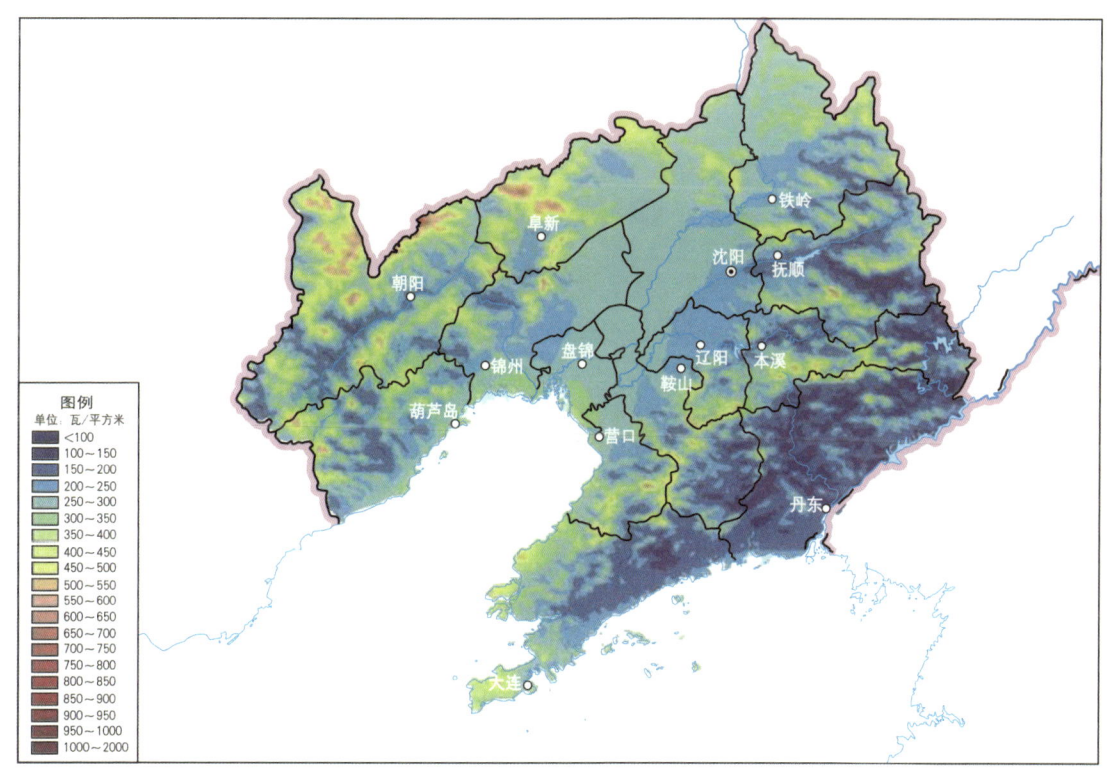

图 3-15 辽宁 70 米高度 30 年平均风功率密度分布

- **建设情况**

辽宁累计装机容量居东北三省第一位,是东北区域唯一一个装机容量超过千万千瓦的省份。2021 年,辽宁风电新增装机容量 50 万千瓦,同比减少 28%,其中,陆上风电新增装机 40 万千瓦,同比减少 78%;海上风电新增装机 10 万千瓦,同比增长 56%。截至 2021 年底,辽宁风电累计装机容量 1087 万千瓦,占全国总装机容量的 3.3%,居全国第 11 位。其中,陆上风电累计并网 983 万千瓦,占全国陆上风电总装机容量的 3%;海上风电累计并网 104 万千瓦,占全国海上风电总装机容量的 4%。

- **运行消纳**

辽宁风电消纳形势良好。2021 年,辽宁风电年发电量 227 亿千瓦时,同比增长 17.2%;年平均利用小时数 2286 小时,同比增加 39 小时,超过全国平均水平 40 小时。陆上风电方面,辽宁发电量 220 亿千瓦时,同比增长 17.0%;年平均利用小时数 2292 小时,同比增加 53 小时;海上风电方面,辽宁发电量 7.4 亿千瓦时,同比增长 22%;年平均利用小时数 2316 小时,同比减少 87 小时。

## (4) 河南

- **资源状况**

河南风能资源丰富区主要分布在:豫北太行山东部(安阳、鹤壁和新乡)的山地和山前丘陵高地,豫西三门峡、洛阳境内的崤山山脉和黄河南岸的山体,郑州、平顶山、南阳、驻马店一带山区与平原过渡地带的山体和丘陵高地,大别山区和桐柏山的局部山区,豫西伏牛山、熊耳山和外方山的局部山地,太行山南部(济源、焦作)局部山体。

河南风能资源年变化规律一般是冬、春季节较好,夏、秋季节较差,3—4 月为最高值,8—9 月为最低值。

河南 70 米高度 30 年平均风速分布和风功率密度分布分别见图 3-16 和图 3-17。

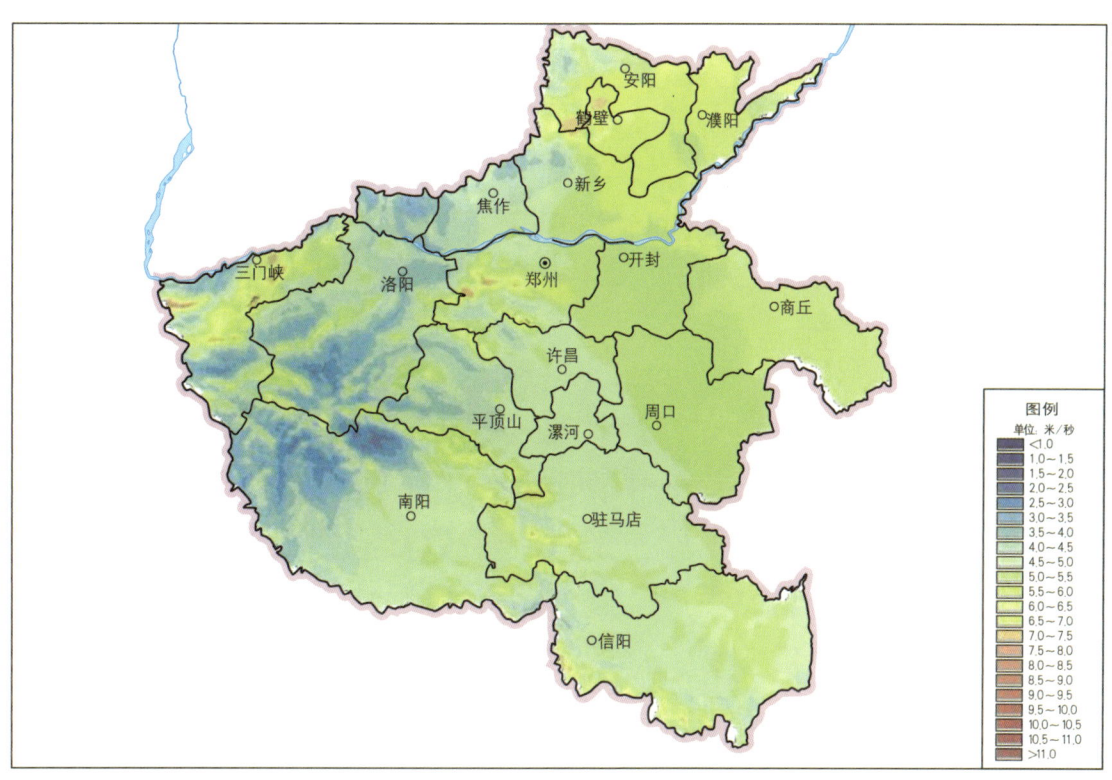

图 3-16　河南 70 米高度 30 年平均风速分布

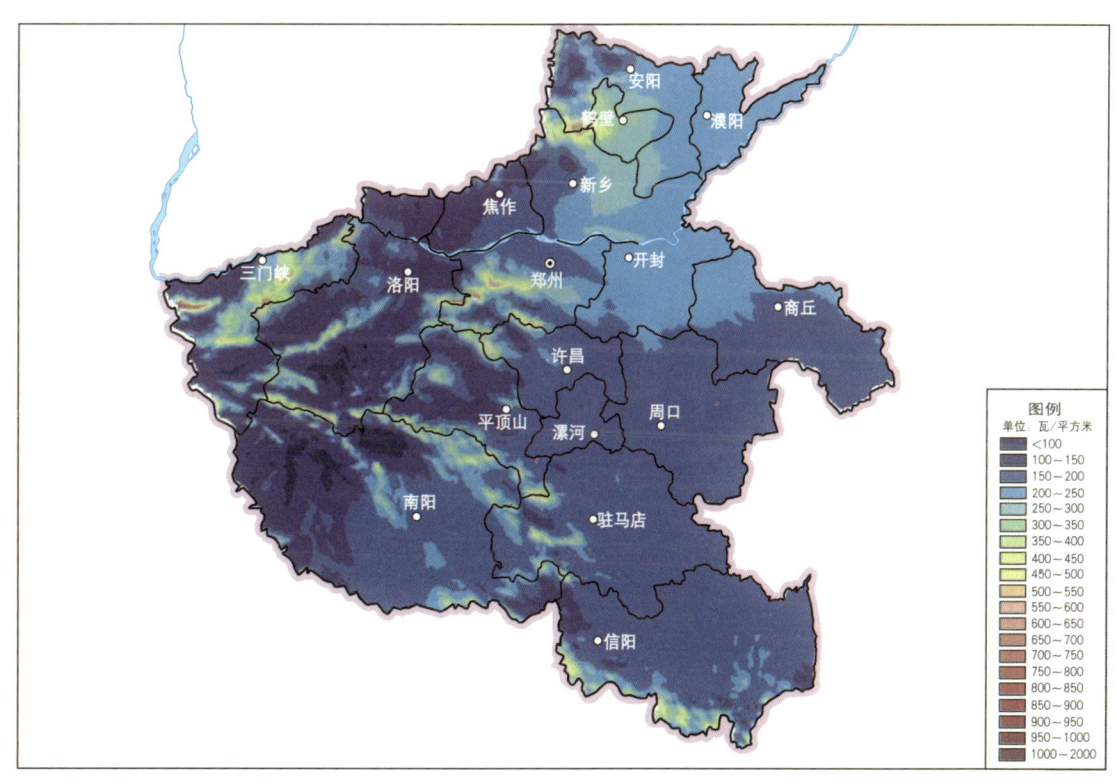

图 3-17　河南 70 米高度 30 年平均风功率密度分布

- 建设情况

河南作为华中地区风电装机容量最大的省份，装机容量持续增长。2021年，河南风电新增装机容量332万千瓦，同比减少54%，约占全国新增装机容量的7%；截至2021年底，河南风电累计装机容量1850万千瓦，占全国总装机的6%，居全国第七位。

- 运行消纳

河南风电消纳形势良好。2021年，河南风电年发电量328亿千瓦时，同比增长137%；年平均利用小时数2120小时，同比增加559小时。

## （5）江苏

- 资源状况

江苏沿海风能资源丰富，风能资源由沿海向内陆减少。风能资源主要集中在沿海的连云港、盐城和南通三市，具体包括灌云、响水、滨海、射阳、大丰、东台、海安、如东、通州、海门和启东。从时间分布看，江苏冬季和春季风能资源丰富，夏季和秋季的风能资源相对较少。在冬春季节，沿海地区的50米高度风功率密度在每平方米200~350瓦，而在夏秋季节，风功率密度在每平方米150~300瓦。

江苏具有广阔的海域，受台风影响较小，是沿海内陆开发利用风能资源比较理想的地区。江苏海上风能资源丰富，是大规模风电开发的重点区域，也是千万千瓦级风电基地的主要开发基地；太湖、洪泽湖等大型水体区域风能资源也较为丰富，具有开发潜力；内陆其他地区，风能资源相对分散，可进行中小型风电开发。

江苏70米高度30年平均风速分布和风功率密度分布分别见图3-18和图3-19。

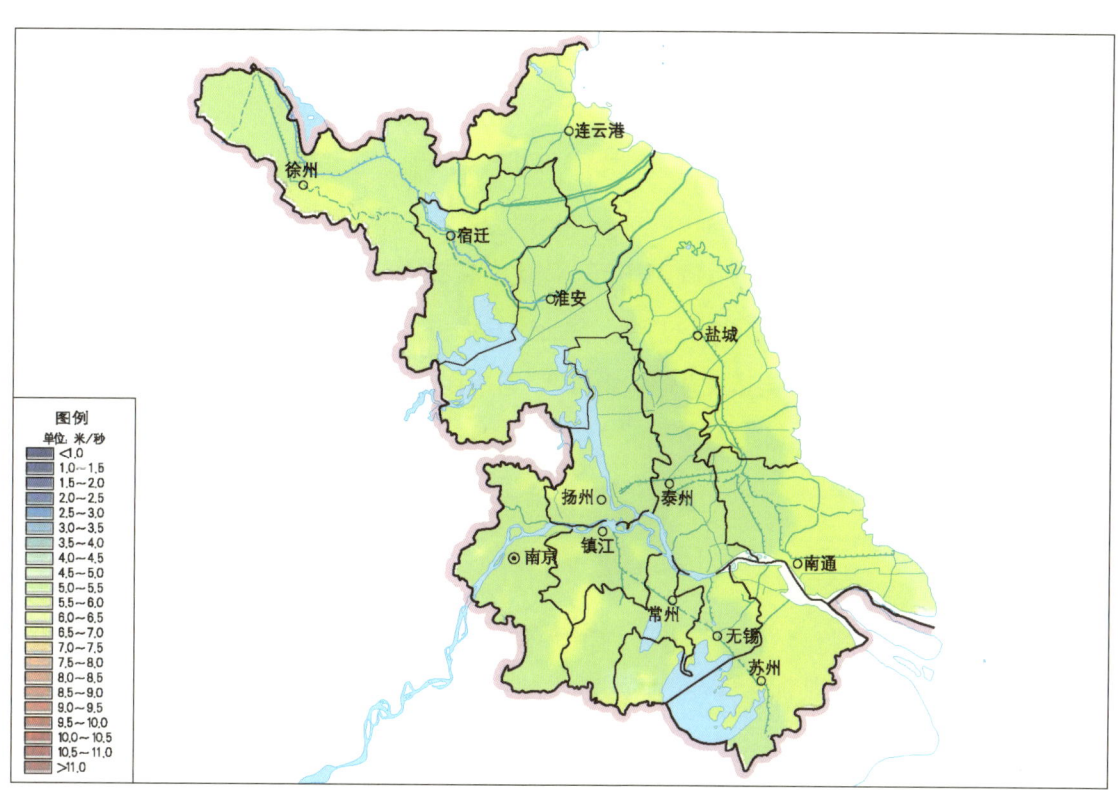

图 3-18 江苏 70 米高度 30 年平均风速分布

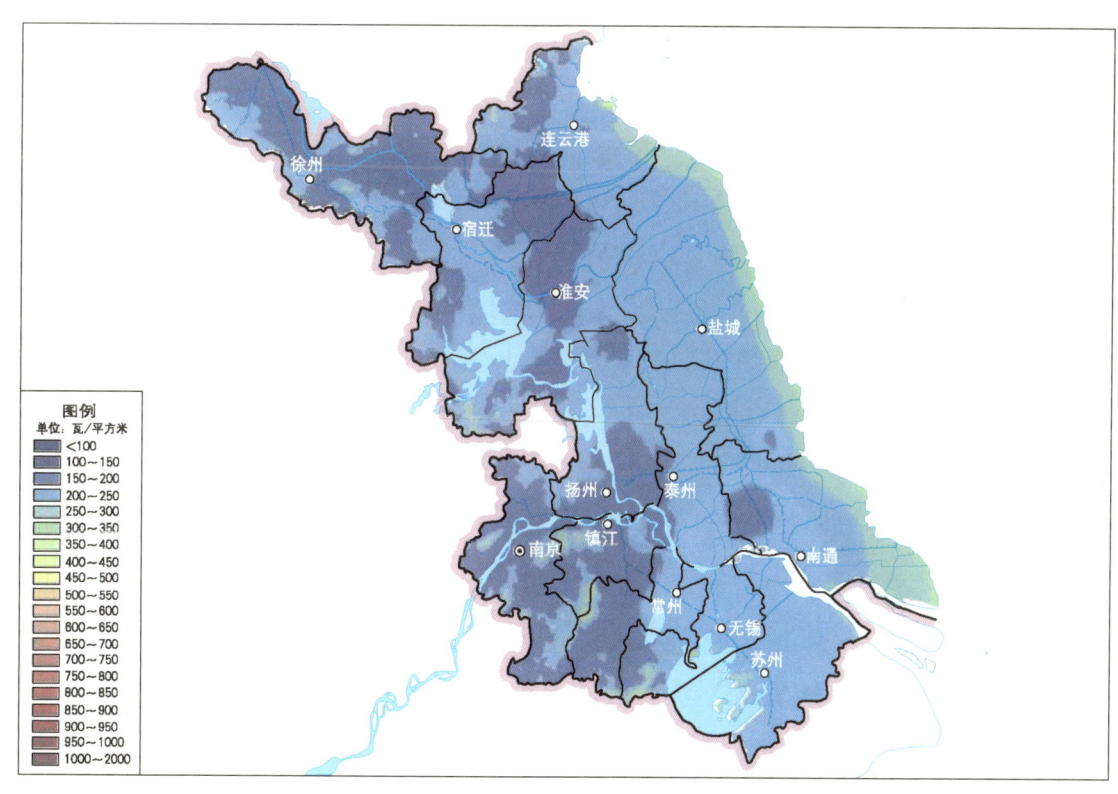

图 3-19 江苏 70 米高度 30 年平均风功率密度分布

- **建设情况**

江苏作为华东地区风电装机容量最大的省份，装机规模增长迅速。2021年，江苏风电新增装机容量688万千瓦，约占全国新增装机容量的14%。其中，陆上风电新增装机容量77万千瓦，同比减少79%；海上风电新增装机容量611万千瓦，同比增长308%。截至2021年底，江苏风电累计装机容量2234万千瓦，占全国总装机的7%，居全国第四位。其中，陆上风电累计装机容量1051万千瓦，同比增长8%，海上风电累计并网容量1183万千瓦，同比增长107%。

- **运行消纳**

江苏风电消纳形势较好。2021年，江苏风电年发电量416亿千瓦时，同比增长82%；年平均利用小时数2456小时，同比增加431小时，超过全国平均水平210小时。陆上风电方面，江苏发电量230亿千瓦时，同比增长97%；年平均利用小时数2306小时，同比增加556小时。海上风电方面，江苏发电量185亿千瓦时，同比增长66%；年平均利用小时数2502小时，同比增加148小时。

### (6) 广东

- **资源状况**

广东风能资源较丰富的地方主要分布在沿海地区和粤北、粤西海拔较高的山区，具体主要为：潮州市、汕头市、揭阳市、汕尾市沿海（包括南澳岛等海岛），珠海市、江门市、阳江市、茂名市沿海（包括横琴岛、川岛等海岛），湛江市东南部沿海（包括东海岛等海岛），粤北河源市西北部、清远市与韶关市交界、清远市与肇庆市交界以及粤西茂名市东北部海拔较高的山区。冬半年（10月至次年3月）是风能资源利用的最佳时节，随着离地高度的增加，风能资源量明显提高。

广东风能资源优良地区（年平均风功率密度不低于每平方米400瓦）的技术开发量为250万千瓦，技术开发面积为727平方公里；风能资源良好地区（年平均风功率密度不低于每平方米300瓦）的技术开发量为1367万千瓦，技术开发面积为4249平方公里；风能资源目前可利用地区（年平均风功率密度不低于每平方米250瓦）的技术开发量为1461万千瓦，技术开发面积为5225平方公里。

广东70米高度30年平均风速分布和风功率密度分布分别见图3-20和图3-21。

# 开发应用篇
Development and Application

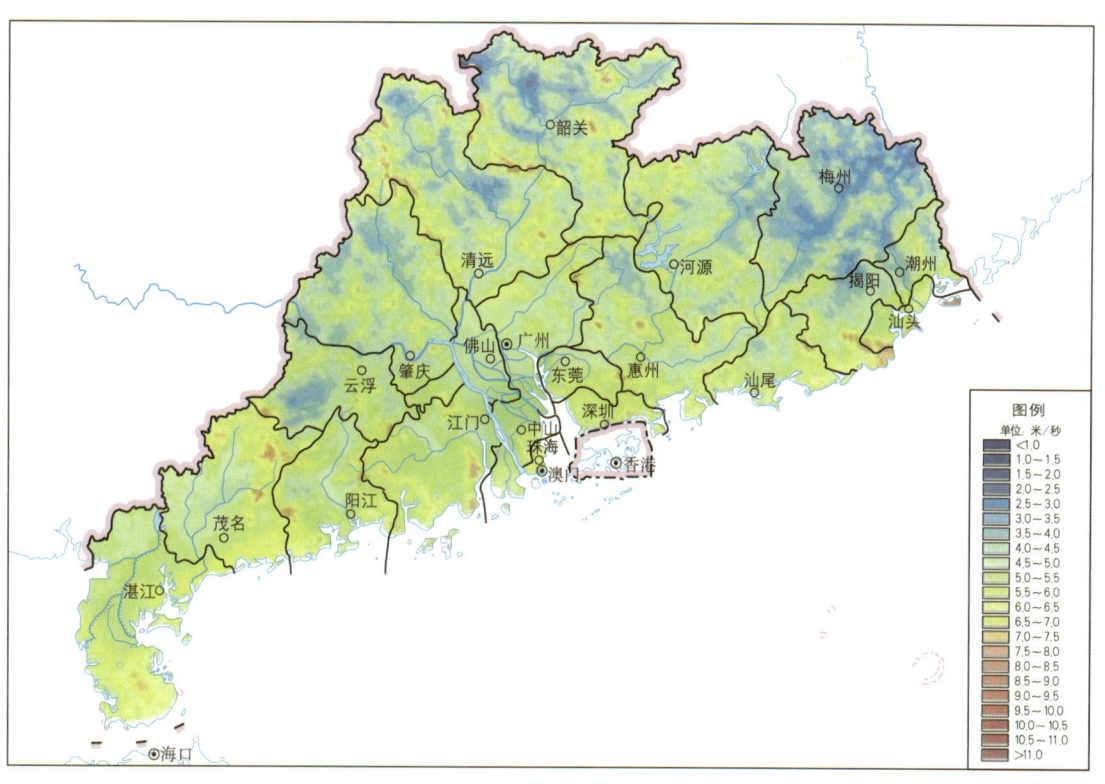

图 3-20 广东 70 米高度 30 年平均风速分布

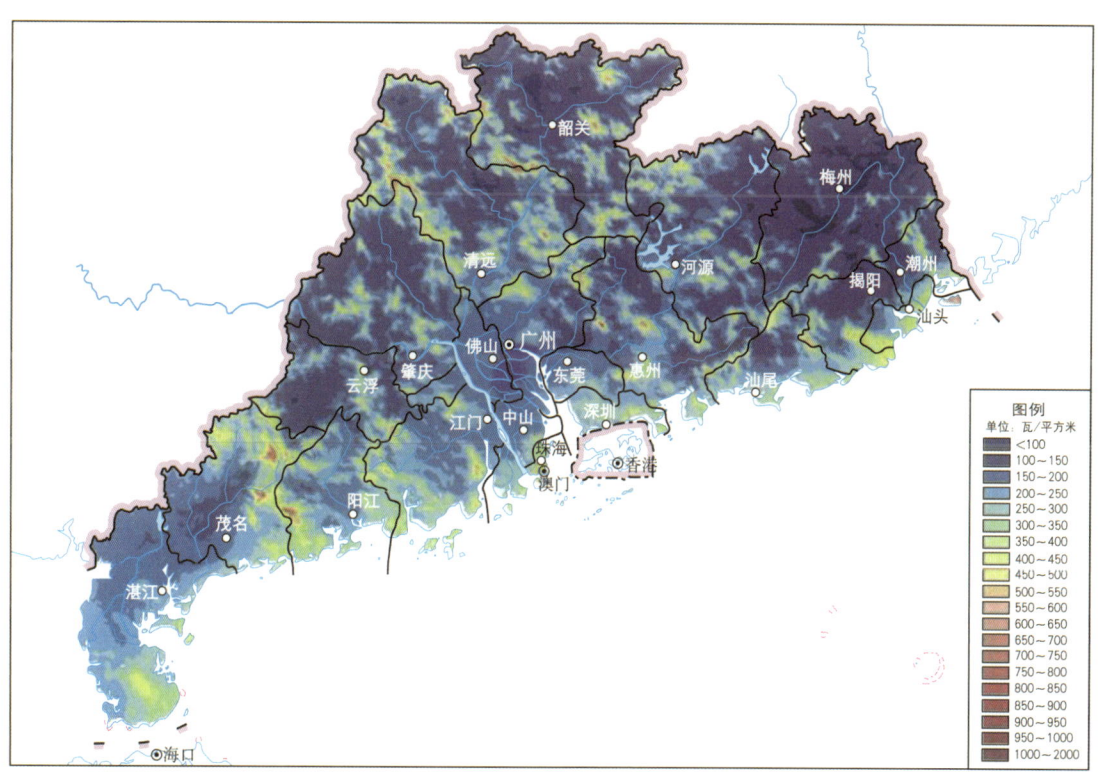

图 3-21 广东 70 米高度 30 年平均风功率密度分布

- **建设情况**

2021 年，广东海上风电发展迅速，新增装机容量居全国第二，仅次于江苏，推动广东累计装机容量超过千万千瓦，为南方区域唯一一个装机容量突破千万千瓦的省份。2021 年，广东风电新增装机容量 630 万千瓦，同比增长 359%，其中，陆上风电新增装机 82 万千瓦，同比增长 37%；海上风电新增装机 549 万千瓦，同比增长 603%。截至 2021 年底，广东风电累计装机容量 1195 万千瓦，占全国总装机容量的 4%，居全国第十位。

- **运行消纳**

广东风电消纳形势较好。2021 年，广东风电年发电量 137 亿千瓦时，同比增长 33%；年平均利用小时数 1805 小时，同比减少 246 小时。其中，陆上风电年发电量 98 亿千瓦时，同比增长 7%；年平均利用小时数 1789 小时，同比减少 179 小时。海上风电年发电量 39 亿千瓦时，同比增长 233%；年平均利用小时数 2003 小时，同比减少 244 小时。

## 3.5 电力市场交易

### 1. 新能源发电稳步参与电力市场化交易

截至 2021 年底，全国已有部分省份或地区针对非水可再生能源开展了电力市场化交易，主要为可再生能源发电消纳存在一定压力的省份或地区，包括新疆、甘肃、宁夏、青海、内蒙古及山西等地。可再生能源参与电力市场化交易的主要交易类型包括大用户直供交易、跨省跨区外送交易、风火置换交易、风电清洁供暖交易、电力现货交易及其他交易等。

各省（区、市）新能源参与市场化交易程度不同。以西北地区为例，新能源市场化交易电量占全部上网电量比例在 15% ~ 100%。其中，陕西 2021 年放开新能源 15% 的电量进入市场；新疆、甘肃、宁夏新能源市场化电量占比约 2/3，市场化程度较高；青海新能源装机占比 60%，已成为主力电源，新能源不再安排优先发电计划电量，全部电量合同均通过参与市场获得。

## 2  风电项目参与电力现货和绿电交易试点

在首批电力现货市场试点中，部分省份探索可再生能源项目深度参与电力市场交易。以甘肃现货试点为例，2021 年 5 月结算试运行期间，甘肃统调新能源场站全部参与现货市场，包括风电场站 81 家，装机 1237 万千瓦，光伏场站 173 家，装机 740 万千瓦。受新能源发电能力整体偏小、电煤供应紧张等因素影响，当月市场价格整体较高。

绿电交易试点初期绿色电力产品主要为风电和光伏发电企业上网电量。2021 年 9 月 7 日，全国绿色电力交易市场完成首次交易，16 个省份共达成交易电量 79 亿千瓦时（交易期限为 1 ~ 5 年），成交均价较火电基准价增加约 2 分 / 千瓦时，较中长期协议增加 3 ~ 5 分 / 千瓦时。

## 3.6  投资成本

### 3.6.1  投资规模

**总投资同比上升**。2021 年，中国风电新增总投资约 5200 亿元，其中陆上风电新增投资约 2000 亿元，海上风电新增投资约 3200 亿元。受海上风电新增装机规模大幅增长和单位千瓦造价上升影响，2021 年风电新增总投资规模同比增长约 8.3%。

**单位千瓦造价陆上风电平稳下降，海上风电大幅上涨**。2021 年，新核准的陆上风电项目国家不再补贴，陆上风电机组的招标价格呈逐季度递减趋势，推动当年开工项目单位千瓦造价明显下降；而当年并网项目因设备招标时期较早，单位千瓦造价降幅不明显。总体来看，一方面，2021 年陆上集中式平原、山区地形风电项目单位千瓦造价分别约为 5800 元和 7200 元，同比分别减少约 10% 和 8%。另一方面，海上风电开发受国家补贴退坡及存量项目建设时限影响，短期内设备供应及施工资源严重紧张，单位千瓦造价同比大幅上涨。综合考虑不同省份海域建设条件差异性因素，海上风电项目单位千瓦造价为每千瓦 18500 ~ 23500 元。

## 3.6.2 典型项目投资情况

风电项目造价主要包括设备及安装工程、建筑工程、施工辅助工程、其他费用、预备费和建设期利息等六大部分，如图 3-22 所示。设备及安装工程费用在项目总体造价中占比最大，陆上及海上风电项目该占比分别达到 69% 和 59%，是项目整体造价指标主导因素。

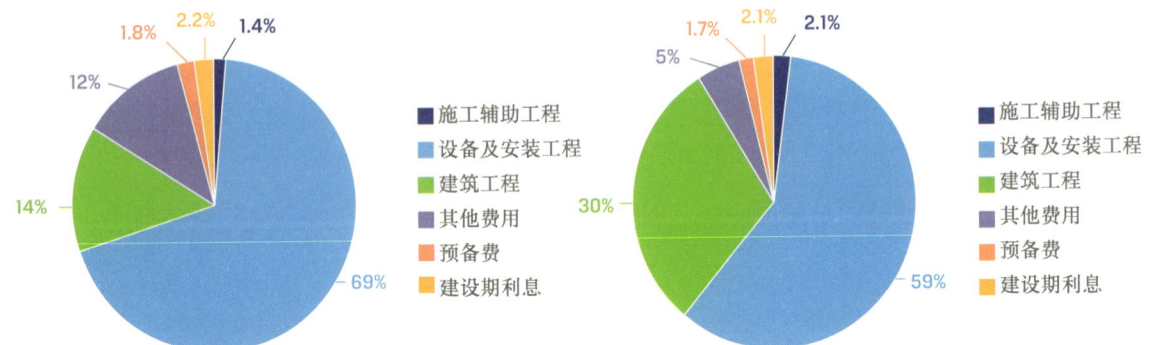

图 3-22　2021 年陆上典型风电项目（左）和海上典型风电项目（右）单位千瓦造价构成

# 4 产业发展篇
## Industry Development

## 4.1 技术装备发展情况

2021年，中国风电装备制造、勘测设计、工程施工等方面的研发与创新能力不断提高，特别是在风电机组大型化、塔筒基础多样化、设计施工专业化等方面。

**风电机组技术加快迭代。** 一是风电机组加速大型化。陆上风电机组方面，6兆瓦等级风电机组全面实现并网发电，风轮直径达到182米；7兆瓦陆上风电机组已在风电场应用，其风轮直径达到202米；海上风电机组方面，10兆瓦级的风电机组已经批量运行，成为目前的主流机型。超大容量风电机组技术推动了项目成本降低，提升了土地、海洋以及风能资源利用效率。二是半直驱传动技术方向的市场份额逐步增大。随着风电机组加速大型化与原材料价格变化，结合直驱、双馈技术路线特点的半直驱技术路线受到重视。金风科技发布了采用半直驱传动技术路线的陆上与海上风电机组，陆上7兆瓦、海上10兆瓦等级以上风电机组多采用半直驱传动技术路线。三是风电叶片最长纪录不断刷新。东方电气、上海电气、中国海装以及明阳智能相继实现了100米左右长度的超长风电机组叶片下线，中国海装102米柔性碳纤维叶片完成静力测试。已发布风电机组机型中，陆上、海上风电机组配套的叶片长度分别达到100米左右、125米左右。随着风电机组叶片长度不断提升，碳纤维材料应用范围将进一步扩大。

**工程勘测设计水平不断进步。** 陆上超高塔筒、海上风电基础、柔性直流输电等勘测设计技术进步速度较快。一是超高塔筒技术多样化发展。150～160米高度塔筒逐步商业化应用，并呈现多样化发展趋势，江苏射阳160米大直径分片式全钢柔塔完成吊装，河南鲁阳170米自提升式超高混塔、山东胶州170米桁架式塔架吊装完成，超高塔筒多种技术路线协同发展。二是海上风电勘测设计技术取得突破性进展。江苏如东海上换流站—柔性直流输电工程（±400千伏）成功并网，柔性直流输电技术在海上风电行业内首次成功应用；完整采用SPT勘察设计施工一体化技术的吸力桩式导管架风电机组基础在福建长乐顺利施工；漂浮式海上风电机组样机吊装完成，深远海浮式风电机组平台成功下线。

**施工安装技术水平稳步提升。** 陆上风电方面，搭载超长叶片175米叶轮直径机组、165米超高钢柔塔机组陆续实现安装，最大起升高度达到198米，最大起升重量达到180吨，适用于高塔筒、长叶轮、大容量的陆上风电吊装设备逐步得到应用。海上风电方面，一批专业化施工吊装船陆续下水，2000 吨及以上大型自升自航式风电平台船数量逐步增多，海上风电安装船超过 40 艘；海缆、塔筒、桩基础、导管架等配套装备产能稳步提升；3500 千焦液压打桩锤在南海试验成功，实现了关键装备本地化制造。

**智慧运维技术不断提高**。风电机组制造企业将传统风电技术与大部件数据安全监测、故障识别预警、长周期运行评估相结合，依托智能检测机器人和无人机巡检模式，构建风电场智慧运维系统。设计单位和开发企业着力推动全生命周期智慧风电场管理平台加快信息化、智能化、数字化转型步伐。建设单位海上风电场智慧运维系统和新能源智慧运维系统陆续投运，实现了对海上风电场设备、船舶和人员的综合监视和管理，提供了新能源全生命周期的过程管控和数据支撑；设计单位自主研发"全生命周期海上风电数字孪生平台"，实现了大数据、人工智能、建筑信息模型（BIM）等前沿技术与海上风电业务深度融合。

## 4.2　设备制造情况

**产业链体系已具备国际竞争力**。目前，我国已具备大兆瓦级风电整机、关键核心大部件自主研发制造能力，建立了具有国际竞争力的风电产业链体系。中国生产的风电机组，包括国际品牌在中国的产量，占全球市场的 2/3 左右。发电机、轮毂、机架等铸锻件，以及叶片、齿轮箱、轴承等关键零部件的产量也占全球市场的 60% ~ 70%，甚至以上。

在全球整机制造商排名中，前 15 家中有 10 家是中国企业，市场份额合计超过 50%；全球前十大风电整机制造商中，来自中国的整机制造商占六席，分别为金风科技（第二位）、远景能源（第四位）、运达股份（第六位）、明阳智能（第七位）、电气风电（第九位）、东方电气（第十位）。

## 4.3　风电机组出口情况

**风电机组出口同比大幅增长**。2021 年，中国向海外出口风电机组 886 台，容量为 3268 兆瓦，同比上涨 175.2%，中国风电整机制造企业已出口的风电机组累计共 3614 台，累计容量达到 9642

兆瓦。2021 年，海上风电机组首次实现出口，共 72 台，容量为 324.8 兆瓦，均出口到越南，包括金风科技 6 台 3.3 兆瓦和 36 台 4.5 兆瓦机组、明阳智能 16 台 5 兆瓦机组，以及东方电气 14 台 4.5 兆瓦机组。

截至 2021 年底，我国风电整机出口到澳大利亚、美国、南非等 40 多个国家和地区，出口总容量近 1000 万千瓦。

# 5　形势与展望篇
## Situation and Prospec

## 5.1 面临形势

2021年，我国风电发展迈上新的台阶，陆上风电迈入平价上网时代，海上风电实现跨越式发展，装备制造产业持续快速发展，实现了"十四五"的良好开局。2022年，风电作为可再生能源行业发展主力军，将面临新的形势和挑战。

### 1  国家重大战略目标为风电行业发展提供广阔前景

"碳达峰、碳中和"目标提出后，2021年10月，中共中央、国务院发布《关于完整准确全面贯彻新发展理念做好碳达峰碳中和工作的意见》，国务院发布《关于印发2030年前碳达峰行动方案的通知》(国发〔2021〕23号)，着力构建"碳达峰、碳中和""1+N"政策体系，明确提出到2030年，风电、太阳能发电总装机容量达到12亿千瓦以上；同时提出能源绿色低碳转型行动，要求大力发展新能源，加快建设新型电力系统。2021年底，中央经济工作会议也明确，新增可再生能源不纳入能源消费总量控制。随着"碳达峰、碳中和"目标的深入推进、新增可再生能源不纳入能源消费总量控制等重要指示落地实施，风电行业将迎来较长的发展机遇期。

### 2  风电规划与国土空间、土地生态功能保护、电网规划协同机制亟待建立

"碳达峰、碳中和"目标要求大力发展新能源的同时，也对森林蓄积量等基本生态建设目标提出更高要求，风电项目开发建设用地政策标准更加严格，需充分考虑生态红线、基本农田、林地草地布局。此外，2022年及以后，我国风电行业将继续保持高速发展态势，大规模、高比例新能源接入电网将大幅增加系统运行和消纳压力，需要在顶层设计层面统筹衔接风电、国土空间、土地生态功能保护、电网消纳等各项发展规划，实现"多规合一"，保障风电行业更好更快发展。

### 3  风电参与电力市场化交易面临挑战

当前风电等新能源通过绿电交易试点、现货交易等方式逐步参与电力市场化交易，《关于加快建

设全国统一电力市场体系的指导意见》（发改体改〔2022〕118 号）提出到 2030 年，全国统一电力市场体系基本建成，新能源全面参与市场交易。随着电力体制改革的逐步深化，风电等新能源参与市场化交易已是大势所趋。风电出力具有波动性、间歇性，与传统具有调节能力的电源相比，需要额外自建（购买）系统调峰资源或直接承担较高的系统成本，风电行业市场竞争力将进一步减弱。

### 4 风电设备制造能力和关键技术水平有待进一步提升

我国风电已形成较为完整的产业体系，但部分关键部件国产化率还不高，核心技术和零部件仍存在"卡脖子"现象。例如载荷计算、发电量评估等核心技术软件仍未实现国产化；高承载主轴承、绝缘栅双极晶体管（IGBT）等主要依赖进口；漂浮式海上风电核心关键技术尚不成熟，与欧洲强国仍有较大差距等。在当前国际形势下，亟须进一步提升核心技术和关键零部件技术水平，补强短板，进一步增强我国风电产业的整体竞争力。

## 5.2 发展趋势与市场展望

### 1 集中式和分散式并举推动风电装机规模稳步增长

2022 年，我国风电装机规模将呈现稳步增长态势，其中"三北"地区新增装机规模将超过中东、南部地区。"三北"地区将主要以沙漠、戈壁、荒漠地区为重点的大型风电光伏基地作为发展重心，新增装机将主要集中在内蒙古、甘肃、新疆等省（区）。目前，第一期装机容量约 1 亿千瓦的大型风电光伏基地项目已有序开工，第二期项目申报工作已经启动。中东南部地区将以就近就地和分散式为主要发展形式，其中中东部地区预计新增装机将主要集中在河南、湖南、安徽、江苏等省，南方地区预计新增装机主要集中在广东、广西等省（区）。

海上风电将形成支撑年新增千万千瓦级装机规模的产业体系。在 2021 年建设高峰后，前期准备工作较为成熟的海上风电项目规模相对有限，结合产业链支撑情况和项目实际进展，预计 2022 年海上风电新增装机规模较 2021 年有一定回落。

## 2 电力消纳形势总体向好，局部地区消纳压力较大

2022年，我国风电消纳形势总体向好，但"三北"地区因新增并网装机容量较大，局部地区电力消纳压力有所增加。一方面，一是预计2022年全国用电需求仍将持续增长，全社会用电量将达到8.7万亿～8.8万亿千瓦时，虽增幅同比略有下滑，但仍为新能源消纳创造了有利条件；二是陕北—湖北特高压等重点输电工程陆续投运，以及存量输电通道输送能力的进一步提升，将扩大新能源跨省跨区消纳能力；三是电力市场化交易规模将进一步扩大，有助于促进"三北"等电力富余地区的新能源进一步消纳。另一方面，由于2022年"三北"地区将投产大规模风光电大基地项目，在部分配套送出工程建设进度相对滞后的情况下，局部地区电力消纳压力较大。

## 3 老旧风电场升级改造研究推进

目前我国陆上风电机组多以3～5兆瓦机型为主，但早期建设的老旧风场多采用1兆瓦及以下风电机组，风电场资源条件好，但转换效率偏低，且部分风电场已达到运行年限。目前，宁夏提出老旧风电场"以大代小"更新试点，探索叶片等特殊废弃材料循环利用方式；内蒙古在有条件的地区开展一批风电"以大代小"工程，鼓励对单机容量小于1.5兆瓦或运行15年以上的风电场，以新型高效大机组替代老旧小型机组，对风电场进行系统升级优化改造。2022年，将结合部分地区试点情况，积极研究推动资源优质地区老旧风电场升级改造管理办法，全面提升风电运行利用效率。

## 4 风电前沿核心技术创新不断加强

一是超大型海上风电机组研制、高海拔大功率风电机组关键技术研究不断加强，重点突破风电高承载主轴承、绝缘栅双极晶体管（IGBT）、超长叶片等核心技术和生产制造。二是风电工程技术创新应用、海上新型漂浮式基础风电机组示范等工作有序推进，海上风电柔性直流输电等配套技术研发能力不断提升。通过风电技术创新进步，促进行业降本增效，为风电行业高质量发展提供保障。

## 5. 风电绿色环境价值将进一步凸显

《关于试行可再生能源绿色电力证书核发及自愿认购交易制度的通知》(发改能源〔2017〕132号）明确，绿证是新能源发电量的环境属性证明和消费绿色电力的唯一凭证，风力发电企业可以通过出售绿证获得环境价值收益。截至 2021 年底，全国累计绿证认购数量约 62 万张，对应 6.2 亿度风光绿色发电量，参与绿证认购的企业涉及制造、电气、化工、服务等多个行业，其中制造业占比超过 50%。随着我国"碳达峰、碳中和"目标的深入推进，以及欧盟碳边境调节税的提出，目前社会绿色电力消费需求逐步提升，将进一步激发绿证市场活力，推动建立健全新能源环境权益交易体系，风电等新能源绿色环境价值将进一步凸显。

## 声 明

本报告内容未经许可，任何单位或个人不得以任何形式复制、转载。

本报告相关内容、数据及观点仅供参考，不作为投资等的决策依据，报告编委会不对因使用本报告内容导致的损失承担任何责任。

如无特别注明，本报告各项中国统计数据不包括香港特别行政区、澳门特别行政区和台湾省的数据。部分数据因四舍五入的原因，存在总计与分项合计不等的情况。

本报告部分数据及图片引自水电水利规划设计总院、国家电力投资集团有限公司、国家发展改革委能源研究所、中国可再生能源学会风能专业委员会、中国气象局、彭博新能源财经等单位发布或提供的资料，在此一并声明并致谢！